读客®文化

纸上威尼斯

16 世纪威尼斯出版业如何改变了世界

（意）亚历山德罗·马尔佐·马尼奥 著
李依臻 译

文匯出版社

图书在版编目（CIP）数据

纸上威尼斯 ：16世纪威尼斯出版业如何改变了世界 / （意）亚历山德罗·马尔佐·马尼奥著 ；李依臻译. -- 上海 ：文汇出版社，2019.8

ISBN 978-7-5496-2912-1

Ⅰ. ①纸… Ⅱ. ①亚… ②李… Ⅲ. ①图书出版—出版事业—文化史—威尼斯—16世纪 Ⅳ. ①G239.546.9

中国版本图书馆CIP数据核字(2019)第122634号

纸上威尼斯

作　　者 / [意] 亚历山德罗·马尔佐·马尼奥
译　　者 / 李依臻

责任编辑 / 鲍广丽
特邀编辑 / 乔冠铭　　徐陈健　　乔佳晨
封面装帧 / 王　晓

出版发行 / 文匯出版社
上海市威海路 755 号
（邮政编码 200041）
经　　销 / 全国新华书店
印刷装订 / 北京中科印刷有限公司
版　　次 / 2019 年 8 月第 1 版
印　　次 / 2019 年 8 月第 1 次印刷
开　　本 / 890mm × 1270mm　1/32
字　　数 / 168 千字
印　　张 / 9.25

ISBN 978-7-5496-2912-1
定　　价 / 49.90 元

致马可和彼得

愿书籍永远伴随你们左右

除了狗之外，书是人类最好的朋友。

——格劳乔·马克思

目　录

说 明

言谈间搞错一些地名的叫法总会让人觉得羞愧难当，出现这种状况，一来要归罪于词语本身，出于民族主义的考虑，一个地方可能同时拥有好几个不同语言写成的、读法完全不同的名字，对于这种现象，我们先不考虑单纯的词汇差异，而是注重它所释放出的政治信号。比如说，一个希腊人就算被严刑拷打也不会从嘴里吐出“伊斯坦布尔”这几个字，但对一个土耳其人来说，“君士坦丁堡”和“伊斯坦布尔”这两种称呼已经并行了好几百年，直到凯末尔·阿塔图尔克[1]一声令下，“君士坦丁堡”才被“伊斯坦布尔”正式取代。当然说错地

[1] 穆斯塔法·凯末尔·阿塔图尔克（Mustafa Kemal Atatürk），土耳其革命家、土耳其共和国第一任总统，执政期间进行了“凯末尔改革”，被誉为“土耳其国父”。——译者注

名还要归罪于谈话者本身地理知识的缺陷：好多人觉得“威伊雅（Veglia）”和“克尔克（Krk）”是两个完全不同的地名，但实际上这两种叫法指的是同一个地方——克瓦内尔湾（Quarnero）里的一座岛屿。前者是它的意大利语名字，后者则是克罗地亚语[1]。再者，曾经我们习惯将外国地名翻译成本国语言，然而现在好多人都不这样做了。一些追求时髦的人，说起“北京”时不用它的意大利语译名（Pechino），而是偏要用汉语拼音（Beijing）把它念出来。[2]

当然，所有的地名都有其合理性，但除却一些我们只能采取某一种叫法的特殊场合，其他时候我们总得从中挑一个名字出来。鉴于本书将背景设定在文艺复兴时期的意大利城市威尼斯，书中所提及的地点均采用其意大利语名，当某个地点第一次出现在文章中时，我会把它的现用名放在括号里。举个例子，一个被收入威尼斯麾下长达半个世纪的城市——卡波迪斯特里亚（Capodistria），如今被划归斯洛文尼亚，人们用斯洛文尼亚语称呼它“科佩尔”（Koper），在书中出现时它就会被写作卡波迪斯特里亚（科佩尔）。有些地方既有威尼斯方言名，也有意大利语名，比如被威尼斯共和国统治

[1] Krk，源自拉丁语 Curicta。

[2] 关于“北京”的外译问题，很多年前，中方以汉语拼音为标准，现已被大多数国家接受。“名从主人”，如英译早已不用“Peking”，而作“Beijing”。——编者注

了 500 多年的坎迪亚（Candia），在标准意大利语中，它的名字更接近古希腊语，称作克里特（Creta）。至于像君士坦丁堡这种又可以被称为拜占庭，还可以被称为伊斯坦布尔的地方，在书中我们取用“君士坦丁堡”这个名称，这样做纯粹是为了更贴近那个时代威尼斯人的习惯，对其他两个称呼绝无怠慢轻视之意。

第一章

书籍之都威尼斯

在21世纪的今天，如果我们想从里亚尔托（Rialto）出发去圣马可（San Marco），途中将会穿过一条叫作“梅切莉（Mercerie）”的街道。沿街开着形形色色的商店，玻璃橱窗中展示的商品琳琅满目——鞋子、衣服、提包、首饰——使意大利蜚声国际。古驰（Gucci）在这条街上设立了门店，法拉利红彤彤的店面外还摆放了一辆价值颇高的一级方程式赛车。

假如我们乘着时光机回到过去，在1520年重新走进这条街道，你会发现时间仿佛冻结在此处：在过去的五个世纪里，这条街道几乎没发生什么改变，尤其是它一贯秉持的商业属性。如果说今天的梅切莉大街是展示“意大利制造”的橱窗，那么在那个时候，这条街上的商品都应该打上“威尼斯制造”的标签。按照规模来看，当时的威尼斯是当之无愧的“重量级”城市：现在的意大利是世界上第六或第七大工业力量，而500年前的威尼斯可以列入前三甲。那个时期的欧洲只有三座可以称得上是“大都市”的城市，这三座城市的人口数量都超过了 15 万，它们分别是：威尼斯（毫无疑问）、巴黎和那不勒斯。

在 16 世纪梅切莉大街的商店、手工作坊或者居民住宅里，我们能找到些什么东西呢？比如布料，威尼斯以其精美绝伦的红色染布而闻名，这一染色技术继承了拜占庭王国的秘密配方。再比如金边皮革工艺，即以金叶镶饰皮革边缘的工艺，成品多用来装饰宫殿内墙——这项工艺出现在摩尔时期的西班牙，其风格与阿拉伯文化一脉相承。还有就是武器，数不胜数的武器，半个欧洲的富商权贵们伸长脖子、挤破脑袋，拼命想要得到这些武器。如果不穿上这些重金采购的威尼斯盔甲，他们简直没办法上战场打仗。紧临着梅切莉大街有两条道路，分别叫作“斯巴达利亚（Spadaria）”和“弗雷扎利亚（Frezzaria）”，它们的名字取自意大利语中“剑（spada）”和“箭（freccia）”这两个单词，直到今天，人们还会在茶余饭后讲起它们当年的传说。

但对外国游客来说，最令人精神振奋的是这里的书籍，数十家大大小小的书店汇集于此，这可是在欧洲别处看不到的盛景。在这里，你可以体验一趟纯粹的购物旅行，就像历史学家马可·安东尼奥·萨博利科（Marco Antonio Sabellico，受到第一版版权法保护的幸运儿）所描写的那样，如果两个朋友结伴从德国商馆[1]出发，经过里亚尔托桥，朝着目的地圣马可走去，他们走不到路途的一半恐怕就得停下来了。因为书店外张贴的书单撩动着他们的好奇心，让他们情不自禁地停下脚步，驻足阅读。

尽管大约在六十五年前，1452到1455年间，德国人古登堡发明了西方活字印刷术，但这并没有撼动威尼斯印刷业龙头的地位：在16世纪上半叶，欧洲出版发行的书本有一半是在威尼斯印刷的。威尼斯不仅仅在印刷数量上独占鳌头，在质量上也毫不逊色，正如美国作家海伦·巴罗里尼（Helen Barolini）在书中描写的那样："印刷工人制书不辍，只为了将那一卷卷财富和美丽展现于世人面前。"[1]如果将威尼斯出版业从那个时代的历史上抹去，我们今天所熟悉的书本就不会存在，甚至今天所讲的意大利语也不会出现。虽然意大利语是以托斯卡纳作家但丁（Dante）和彼得拉克（Petrarca）的作品为基础发展出的一门语言，却是人文主义学者皮埃特罗·本博（Pietro Bembo）将他们的作品重新编辑为威尼斯版本，与"印刷之王"阿尔多·马努齐奥（Aldo Manuzi，在下一章里我们还会谈到他）合作，将他们的作品出版发行。正是这样，但丁和彼得拉克才会取得如此巨大的成就，他们伟大的作品才得以被今人拜读。

---

[1] "商馆"一词原文为威尼斯方言"fontego"，意为"仓库"。德国商馆在今天仍然存在，就像土耳其商馆一样，这里既可以是住宿的旅馆，也可以是存放商品的仓库，还能兼作商人的办公室。这里的人主要来自欧洲中部，大多数讲德语。——译者注

让我们推门走进其中一家书店。借助安琪拉·诺沃（Angela Nuovo）在其著作《文艺复兴时期意大利的书籍贸易》中的描写，我们能在脑海中勾勒出店铺的大体陈设。一部分书架被摆放在店外，这样来往的行人就能欣赏到柜台上的扉页（为了防止小偷觊觎，柜台上摆放的只是扉页，并非整册书），其中有拉丁语和希腊语古典名著（拉丁语作品占多数）；有宗教文学（比如《圣经》和人物传记）；还有精致的风景画，画中的城市或近或远，画中的美景都是普通百姓难得一见的。有些书以遥远而陌生的语言写就，但这类图书并不乏读者，因为此时的威尼斯仿佛一口世界民族大熔炉，在当今时代只有纽约能与之比肩。亚美尼亚语的剧作，波希米亚语的《圣经》，用格拉哥利字母写成的文章，当然还有以西里尔字母写成的作品。早在1516年，世界上第一个犹太人居住区在威尼斯建成，因此这里还有数不胜数的希伯来语书卷。由于绝大部分在售图书都是在这里印刷出版的，许多商店还被兼用为“工作室”或者印刷所。人们可以在店外的柜台上查找自己心仪的图书，商店门框上也总是悬挂着三四张粘在一起的、对折的目录表，上面清楚地列出了本店出版或在售的图书。还有一些兼作文具店，店里贩售作品手稿和纸笔墨水一类的写作工具。在印刷时代，文具商和印刷图书轻而易举地取代了抄写员的工作。

现在我们将目光投向书店内部：橱窗上搭着一个小棚子以遮挡雨水和阳光，保护图书不受损害。令人惊讶的是，橱窗居然是完全敞开的。这是因为制作透明玻璃板的技术直到几个世纪之后才会出现，在16世纪，工人们要用铅把圆盘状的小玻璃片焊接起来才能制成窗户。这扇橱窗明显少有小偷光顾，里面既放有未装订的零散书页，也放有几本已经装订成册的书，这些装订好的书被翻开放置在斜面书桌上，以便来人看清书页上的内容。那时，书籍还是一种精英产品，通常卖价高昂，为了让它更加珍贵，商人们雇用袖珍画画家在书页空白处精致地描绘出章节的首字母，同时还雇抄写员将文章每段段落首字母也标画出来。有些书中还含有精致的木版画，不过这些画作的内容可能会让虔诚的信教者皱起眉头，比如弗朗切斯科·科隆纳（Francesco Colonna）所著的《寻爱绮梦》（*Polifilo*）中阴茎勃起的画面，或者皮埃特罗·阿雷蒂诺（Pietro Aretino）1527年在威尼斯秘密出版的《艳情十四行诗》（*Sonetti lussuriosi*）里性爱十六式的插图，在那个时代读者的眼中，都是板上钉钉的淫画。

这种印刷作坊式书店看起来和我们今天的书店有些不太一样。16世纪的图书是以散页形式售卖的，购买者会按照自己的品位将它装订起来（当然还要自行装饰书本，划分章节）。有些书本使用珍贵的织物和金属装订，是实实在在的艺术品。如果这本书是被修道院买走，那么它的装订就会朴素许多，一般是使用素雅的羊皮纸将书本包裹，不过即使是这种情况，相对于散页书卷来说还是要额外支出一笔不小的花销。在保存时，店员将装有散装书页的信封包在深蓝色的纸张里，并把它们整理成行，堆叠在嵌入墙体的书架上，每一包书上都贴有小标签，标签上写有书名和作者。事实上，书店里还有一小部分已经装订好（也就是说已经被阅读过）的图书，这些书会被单独保存。装订好的版本要比散装版本贵两倍，由此可见图书装订对最终价格的影响之大。这些书竖立在书架上，但是和今天的摆放方式不同，书脊朝向墙壁，书口朝向读者。书本面向墙壁的一侧整齐排列，有些平行摆放，有些垂直摆放，“颜色相近的书本紧紧依偎在一起”[2]。落单的图书无法根据其装订被识别和归类，显然它们的价值不被认可。流传至今的古书一般情况下都保留着目录页，书口处也印有作者的名字。书商的工作不仅仅是向读者介绍书本的内容，还须在必要时将某本书从书架上辨认、抽取出来。几乎所有传承至今的、描绘书店的图画都会展现出书店老板专心解答顾客疑问的场景。

柜台，即是整家书店的指挥中心。旁边的书桌上摆着当日的报纸，店长时不时地投来一瞥，攫取报上有用的信息。柜台上还放着许多东西：墨水瓶、钢笔，还有一些经营书店必不可少的日常物什。在大大小小的抽屉里存放着商店的账簿和钱款，还有一些偷偷藏进去的思想激进的读物（这些读物应该是从宗教改革国家传来的）。

就像在甲板上运筹帷幄的船长一样，店长在柜台后监控着书店内发生的大事小事，仔细聆听店内的所有谈话，避免有人破坏店内美妙的书香氛围。这也是在文艺复兴时期，书店作为一个知识分子聚会的场所，在店内时常能听到回荡在空气中充满智慧的交谈，有时几乎像身处学院一般的原因。

书籍的摆放方式十分醒目：那些路旁张贴的书单里陈列的，还有店外的展示架上摆放的书目，最能吸引顾客入店一阅；和今天一样，潜在的顾客闲逛书店时总是向书架投去目光。我们不知道这些书确切的分类方式，但可以肯定的一点是，法律类的书籍，由于其不菲的价格，与其他门类是分开放置的。“说到贸易价值、优渥地位或者简单的销量问题，法律类的书籍独受尊崇，让威尼斯出版界其他种类的图书黯然失色”[3]。

得益于流传下来的一份日记簿，我们有机会走近文艺复兴时期威尼斯的一家书店一窥究竟。弗朗西斯科·德马蒂（Francesco de'Madi）的日记簿（或者说流水账）开始自1484年5月17日（大约四年之后，1488年的1月23日，这份记录终止）。[4]我们并不能以此推测弗朗西斯科是哪天开始营业的，有可能这本日记簿只是简单地替代了上一本用完的旧账簿。但我们能知道的是，书店里面存放着1361册图书，细分为380个版本（这意味着平均一版只付印3.5卷），有些书不只有一个版本或一个品种，比如《圣经》和弥撒书。（根据1482—1596年编纂的幸存至今的16份书店财产清单，我们得知店内展销的图书最少104册，最多3400册，平均每个版本最少1.8册，最多6.8册。为了不使资本固化，每个版本的印刷量越来越少。）

德马蒂店内四分之一的书都是用古拉丁语写成的，此外还伴有一小部分希腊语书籍，它们的作者是中世纪古典文学大师，比如薄伽丘（Boccaccio）和但丁（Dante）。这一组图书主要是面向文科学校的老师销售的，然而实际上书里并没有什么拉丁语语法（这正是学生学习的东西），它们展现的是学校里并不教授的希腊语语法。数量第二多的（大约占总数量的20%）是宗教书籍：《圣经》及其注评、教会神父的手迹、布道内容编纂，以及关于神学和礼拜仪式的文章——这一类书也和第一类一样，某种程度上来说有专业指向，更多地面向神职人员。接下来就是面向普罗大众的书籍了，那些纯粹为了消遣的阅读，也就是用通俗语言写成的书本（约占总量的16%）；虽然比重不算少，但它在店内占据的空间却在逐渐缩小。这类书籍的内容五花八门，应有尽有：祷告文、侠士小说、彼得拉克和薄伽丘的作品、古典拉丁文译著（李维、西塞罗、奥维德的作品），特别的是还有数学书。在一个商人遍地的城市里，学习算术的书籍是必备的，用白话文来写这类书是因为文科学校的数学课并不是以拉丁文教授的。现在我们来看看法律方面的书籍，占比很少（7%），但对于一家文艺复兴时期的书店来说，这部分书是重中之重。评论、索引和论文是店内最昂贵的书籍，跟它们的数量比起来，它们占的空间要大得多。我们所说的这家书店好几个月都没有卖出去过一本法律书籍，但一旦贵客临门，他就会花重金买下好几本书。比如说，在 1485 年销量惨淡的 9 月，入账总计只有 39.5 达克特[1]，三分之一的收入都来源于一笔法律书籍的生意，这笔生意卖出 7 本书，共 12.5 达克特。对于一个小印刷商来说出版法律书籍是遥不可及的，因为投入的纸张、时间和人力太过昂贵了，然而对财力雄厚的大出版商来说，出版法律书籍意味着大笔的利润。[5]

弗朗西斯科店里其余的图书还有：课本、拉丁文语法书、哲学和医学方面的大学论文。威尼斯没有大学，但如果这家店设在帕多瓦大学（仅次于博洛尼亚大学，世界上第二古老的高等学府）的旁边，那么这一部分书籍就会在数量上占据优势了。还有一小部分在售的书籍，它们要么没有被分门别类划归一处，要么就是重新装订的二手书籍。后者的情况跟今天相比有很大的不同：二手图书作为旧物和低价商品的概念就是从那时兴起的。它的价格由装订的价值以及保存的完好程度决定。大约在 16 世纪的最后 20 年，二手书贸易渐渐扩展，持续到今

---

[1] 达克特（ducati），欧洲从中世纪后期至 20 世纪期间，作为流通货币使用的金币或银币。——译者注

天的贬值过程也是自那时开始的。然而在16世纪上半叶，“充足的新书让二手书无论在价格上还是门类上都显得无用和无力”。[6]

在日记簿记录的四年营业时间里，这家书店一共卖出12 934本书，总收入4200达克特（14.7公斤黄金），让我们细分一下这份账单，1485年10月销量最低只有60本。1487年5月销量最高卖出535本，月收入最高210达克特，最低只有13达克特。弗朗西斯科·德马蒂与四位装裱师傅有长期固定的合作；一部分列在产品清单里装订完好的书本还会在圣马可广场上举办的耶稣升天节[1]春季展会上展出。展览的书籍售价低廉，内容受到大众欢迎，其中还有一些专为特定场合保留的印刷品。弗朗西斯科在这两周的展会上获得不了什么额外的利润，因为常客还是喜欢在店里买书，假如他不用守着展会上的摊位，而是能同时兼顾店内生意，那他和其他威尼斯书商很可能可以靠着参展赚取一些利润。[7]无论如何，耶稣升天节展会还是“吸引了路过的新顾客，有时甚至是一些游离在书籍世界之外的人”[8]。

威尼斯的印刷市场如此珍贵，它使这座城市变成了一场全年无休的书展。对欧洲最重要的两座书城里昂和法兰克福（后者直到今天仍然稳居第一宝座）来说，威尼斯的印刷商和书商

---

[1] 威尼斯共和国传统节日，威尼斯方言写作Fèsta de ła Sènsa，意大利语中写作Festa dell'Ascensione。——译者注

举足轻重，直到17世纪竞争对手安特卫普后来居上，才结束了威尼斯在这一领域的优势。“在意大利，人们没有必要去集市上添补藏书，无数证据表明威尼斯坐拥各个领域恒久丰富的书籍。通常来说，想要大量购书的主顾都会派遣自己的密探拜访这座城市最好的书店”[9]。在威尼斯共和国，书坊和文具店的客人不单单是威尼斯学者和过路的陌生人，还有从意大利各地赶来囤书的书店老板。弗朗西斯科·德马蒂重点标记了64名客人，这些人显然是他最好的主顾，其中大部分人都是他的同行。

16世纪贩售的出版物数量越来越多，但增多的只是图书的版本，而每一版印刷的数量仍保持不变。“店主期求以增加书籍品种的方式击溃竞争对手，并一如既往地在质量层面追赶那些提供附加服务（比如书籍装订）的书店”[10]。

书店竭力提供顾客想要找寻的书籍，但直到18世纪，阅读仍然是一项精英活动。据统计，在18世纪的德国，有阅读习惯的人约占总人口的1.5%，直到下一个世纪，阅读才成为一项大众活动。然而16世纪的威尼斯却与众不同：6~15岁的男性中有四分之一上学接受教育[11]，这个比例是别处无法企及的，也解释了书籍在此地受欢迎的原因。

和我们今天所习惯看到的不同，16世纪的作品封面上不会印刷价格。“不存在一个确切的规则来为书本定价，甚至同一版书的不同样本价格都有差异”[12]。一切都交由讨价还价决定，书商与顾客之间很可能展开一场激烈谈判，这场交易极像是发生在中东市场上，而不是在一家摩登书店里。每间书坊、每个客人、每天的定价都不尽相同。达官显贵能获得可观的折扣，比如富有的贵族费德里科·康纳（Federico Corner）付给弗朗西斯科·德马蒂的价钱就比别人少了20%到30%。比较老的、随书附带的保险单上会标上图书的价格，从印刷商到书商普遍都会这样做，但这份保单渐渐地消失了，也许是出于经商压力而被淘汰了，因为商人们想要留出更多还价的余地。前来议价的客人分布甚广，比如1502年约翰内斯·罗伊希林（Johann Reuchilin）在德国城市普福尔茨海姆曾写信给名声在外的马努齐奥（Manuzio），想要以低于其他威尼斯出版商所开的价格买下一本阿尔定版典籍。

偶尔从手稿到成书的过程中，书价会经历时段性的暴跌。正如我们将看到的，排字工人一个月挣3到4达克特，草稿校对工人挣5到6达克特，一份200页的奢华手稿要价26达克特，而普通的手稿只要4到14达克特不等。尽管书价无限降低，一份付印的但丁文学评论（只要1达克特）对某些人来说仍是奢侈品，大众化的图书价格上也较为低廉：学校用的拉丁语语法书只要6文钱（1达克特等于6里拉或120文钱），一本薄伽丘的通俗语著作只要10文钱。[13]

那时的欧洲大陆被分割为数量众多的中小城邦，每一座城邦都有自己的货币，商品价格高低莫测，为了防止交易不公和困难，贸易系统建立在以物易物的原则之上。人们可以以书换书，也可以以书换面粉、葡萄酒和橄榄油。文具商们纷纷赊账补货，复式簿记法普及开来，这是一种13世纪到14世纪上半叶在热那亚–佛罗伦萨–威尼斯三角区引入的会计技术。第一个践行复式簿记法的人——实际上也是它的发明者——是一位来自拉古萨（现称杜布罗夫尼克）的商人，长期担任达尔马提亚共和国驻那不勒斯领事。本尼迪特·高特鲁伊（Benedetto Cotrugli），克罗地亚语名Benko Kotruljević，曾在15世纪下半叶写过一篇论文。在作者逝世一百多年之后，于1573年在一家叫作“巨象”的威尼斯书坊内，这篇论著的初版付印。《经商之道》（*Della mercatura e del mercante perfetto*）这本书普及了复式簿记的知识，之后卢卡·帕西奥利（Luca Pacioli）又进行了深入的记载和研究，在威尼斯，复式簿记法、贸易买卖和印刷术都达到了文艺复兴时期欧洲的巅峰，这一切绝非偶然。

与此同时，购书的书商之间达成了所谓的“法兰克福协议”：最重量级的顾客——尤其是大学和图书馆——在法兰克福的集市上商议出稳定的价格，以此控制他们各自城市零售商的报价[14]。“在两种确切的情况下书价波动较小：一种是销售已经装订好的书籍，另一种是销售用羊皮纸印刷的书籍”[15]。前者是因为书商需要一个最能忠实反映成本的定价，后者则是因为制书材料的价值远高于其他任何考量。

在文艺复兴时期，当纸张被大量消耗的时候，纸张的价格会占到制书总成本的50%之多：每天每台机器要消耗3令纸，也就是1500张纸[16]。光滑的纸张要比质量略逊的纸张多5倍的价钱，且纸价随时间变动巨大：16世纪初期经济问题加重，工厂主们只得压低价钱。印刷商赊账买纸，因此文具商成了债权人，一次赊1令纸（500张纸）直到付印成书，万一印制不顺，他们还要自行承担后果。实际上供纸人不但贩卖“白纸”，既有备好的材料，他们还开始销售“黑纸”（印刷成品），比如编印了第一版《古兰经》的帕卡尼尼家族（Paganini）。

在众多设备中，印刷机是最默默无言的那一个，它好比葡萄酒榨汁机一般，是众所周知的“牲畜”。大约1480年，带轮子的可移动印刷机被引进，这大大加快了印刷速度：15世纪的一台压印机一天能印300张纸，16世纪末这个数字翻了4到5倍[17]。而字体设计才是开销巨头：花字印模要求很高的专业性，只有金银匠能担此重任（前文提到的古登堡也正是一位金银匠），这自然就要支付相应的费用。极少有印刷工人敢夸口说自己能独立制作出铁模、铜模、铅字、锡和锑，这项工作通常是外包的。在威尼斯这项专门的产业兴旺一时，直到1540年法国人克洛德·加拉蒙（Claude Garamond）成为了几乎整个欧洲印刷业字体设计的供给龙头。[18]

操作印刷机需要投入3个人：排字工、着墨工和印刷工。一家小企业需要雇用6个员工，而拥有6到8台机器、30到40个工人的则是规模庞大的公司了。只有排字工需要掌握一技之长并接受严苛的评验，失业的佣人和身无分文的学生数也数不清，他们随时准备填补每一个空缺的岗位。[19]这份工作薪水可观。在1475年的帕多瓦，一位排字工的报酬是每月3达克特，书籍若加印，他还能得到额外的1达克特。3达克特是一位水利工程师的月薪，在威尼斯这样一座需要处处规划河道以防止海水涌入潟湖的城市里，这份工作之重要，其他行当无出其右。学徒工只能拿到一个熟练排字工十分之一的薪资，但三年内他的住宿餐费全免[20]；然而食品价格的持续波动造成了工坊内部的矛盾，师傅与学徒像吝啬的丈夫和神经质的妻子一样吵来吵去。一位草稿校对工一个月则能拿到4到6达克特的薪水。

这些是决定一本书成本的关键因素，当然也有其他因素，若全部列出来则太过冗长，但它们也是很重要的，比如说浇铸模板的金属：总是消耗迅速，需要经常重铸。小印刷商只能重排已经印刷过的文章或者为第三方工作，“而最具野心的大印刷商则直接去接触原稿，他们雇用职业文人来编辑图书，有可能的话还将校对原稿的工作也交给他们，以确保成品的质量。租赁或购买手稿的费用几乎是天价”[21]。印刷商能获得50%到

100% 的高额利润，仅一版就高达 300~400 份的印刷量保证了足够的盈利空间。然而资金的回流是缓慢而不确定的，书商又要收取 10% 的佣金，因此许多小书坊在印制了一两版书之后就倒闭了。印刷产业的竞争点或许在于出新而不在于获利，企业的高淘汰率意味着只有少数店铺能够存活，对于贷款购买印刷机和铅字的小作坊来说，赚钱发财更是痴人说梦。出版商尼古拉斯·詹森（Nicolas Jenson）逝世后留下了 4000 达克特的遗产：听上去是一笔巨款，然而这仅仅是一位香辛料商人一年的流水而已。[22] 为詹森撰写传记的马林·萨努多（Marin Sanudo）称其是"通过大量印钱来赚钱"[23]，但显然现实没有想象中的那么美好。

16 世纪后半叶，书坊还要面临宗教裁判所的威胁，轻则上缴书本，重则谴责判罪。1568 年一位布雷西亚书商大倒苦水：他已负债八年，书市交易缓慢，新作一天天贬值，当年出版的书本很快沦为包鱼的废纸。1478 年在威尼斯印刷的《圣经》（281 张纸，930 份）要花费出版商 450~500 达克特的纸张和劳力。1580 年一套 5 卷，共 565 页纸，印 1250 份的作品则要印刷商花费 1920 达克特。[24]

还有些没算上的坏消息：书籍热潮使许多人投身这个新兴行业，然而 1473 年，威尼斯引进印刷术短短四年之后，书市就面临生产过剩的危机：仓库里堆满了卖不出去的古典文集，书价暴跌 65%（危机爆发前两年多达 134 版书付印）。这还不是唯一的噩耗：1576 年菲利普 · 琼达（Filippo Giunta）和贾科布 · 琼达说到书被当作包裹食物的废纸。[25] 这番话道破书本持续贬值的趋势，书商们把目光投向了平民市场，正如上文提到的耶稣升天节展会，也谈到了战争、瘟疫这样的社会事件给书市带来的不良影响（威尼斯在 1509 年 5 月 14 日遭受了军事重创，一度失去了土地管辖权，1478 年和 1576 年又爆发了黑死病）。

从 1469 年到 15 世纪末，153 位印刷工人印制了 4500 部书；假设每部书印 300 本，那么从威尼斯印刷机下流出的书本有 135 万卷，相当于整个欧洲 15% 的产出（这还仅仅是保守估计）。[26] 现今认为古登堡的《圣经》大约印制了 200 份，而在威尼斯印刷的第一本书——西塞罗的《致友人信》的初版印刷了约 100 份，甫一上市便哄抢一空，三个月之后又加印了第二版，共 300 份。

到了 16 世纪，至少 690 位印刷工和出版商又印制了 15 000 部图书，平均每部印 1000 本，最多印 2000~3000 本，然后等待有顾客大批量购入，一年大概印 150 版书（这里不说 150 “种”书是因为有些书，比如《圣经》，会出很多版）[27]。有人估算说，16 世纪的威尼斯印刷了大约 3500 万本图书。[28] 印刷工人似乎每天要工作 12 到 16 个小时，单面印刷 2500 到 3500 张纸，也就是说每 20 秒他们就能印好一张，工作效率令人惊叹。

那些发掘了良作的伯乐可谓是挖出了一笔金矿，可以肯定的是，在16世纪已经诞生了当时的畅销作品：1542—1560年间，加百列·乔里托·德·法拉利（Gabriel Giolito de'Ferrari）出版了28版路德维克·阿里奥斯托（Ludovico Ariosto）的叙事诗《疯狂的罗兰》[29]，实际上是以每年一版的节奏发行。这种情况下，作者尚在人世，出版的是他十几年前就完成的作品。还有像彼得拉克这样过世多年（确切地说是在1374年故去的）的畅销书作家，在意大利发行作品共计148版，卖出大约10万本书，其中《歌集》最为火爆。16世纪最为著名的出版商阿尔多·马努齐奥向世人宣告了彼得拉克和但丁留下的宝贵财富。他们的书籍广为流传：据统计，15%的威尼斯家庭至少拥有他们其中之一的作品（神职人员有64%购入过他们的书籍，资产阶级40%，贵族23%，平民则有5%）[30]。

大规模的印刷使书籍的存放问题浮出水面。1941年书商马蒂奥·科德嘉（Matteo Codecà）立下遗嘱中称其存书共11 086本（这还不是一家顶尖大集团的储书量）；1562年特拉梅兹诺（Tramezzino）兄弟（他们分别在威尼斯和罗马开设书店）想要划分仓库，他们发现清单上居然列有29 294本书——这还仅仅是他们自家印制的书的数量，兄弟俩其中一人还经营着国际市场，而别家出版的书都没有列在清单上，也就是说仓库屯书的数量还要多得多。

书坊狭小的空间屯放不下大量的书册，出版商转而寻觅其他用来存储书的空间：贵族豪宅和修道院。16 世纪伊始，贵族阶级实现了由巨贾向地主的转型，他们置办地产，投资仓库，曾经从地中海东部沿岸诸国驶来的船只在这里卸货装载，如今已经空空如也。出版商租地储书的要求正中贵族下怀。卷入印刷产业链的宗教团体完全明白让地给印刷商能够争取一笔可观的利润。1564 年圣斯特凡诺教堂的神父将九间仓库租予书商。足够的空间使存书量日渐增多，让人都不晓得多少存书可谓之多：如果说米兰的中型出版商，比如尼克洛 · 高贡佐拉（Niccolò Gorgonzola），只存有 8 万册图书的话，那么威尼斯的大出版商会坐拥多少书籍呢？

在这段时期，鲜有藏书达到 2000 部的私有图书馆，而公立图书馆的藏书则数以千计，1665 年维也纳皇家图书馆就有超过 8 万册的图书（今天这家图书馆——已经不是皇家所有了——又增添了 300 万册图书，而大英图书馆拥有 1400 万部藏书，美国国会图书馆的藏书还要再多 3300 万册）。威尼斯，再一次成为了特例：1523 年，身份高贵、博学洽闻的红衣主教多米尼克 · 格里玛尼（Domenico Grimani）拥有将近 15 000 本图书（但这并不是一个确切的数字），历史学家马林 · 萨努多（Marin Sanudo）则拥有超过 6000 本藏书。“直至 16 世纪，威尼斯最大的私人藏书家当属马林 · 萨努多”[31]。6500 部藏书让这座图书馆被称为“矗立于威尼斯乃至整个欧洲的巨人，是史学专业图书馆的模范标杆，不可超越”[32]。无论如何，拥有一座图书馆是尊贵社会地位的象征，是“大人物”的特权，这也许解释了为什么搜罗奇书珍本只能是在精英阶层看到的一种现象，和今天有权有势的人喜欢重金买画很不相同。一项针对16世纪遗产名目的调查显示，“937份遗产中仅有146份是藏书，占比约为15%。相比于占比近90%的画作来说，可谓是小巫见大巫了”[33]。

堆积如山的纸张增加了火灾的可能，对于一座主要靠木材建构的城市来说更是大患（总督宫曾在1483年和1577年两度被烧毁，为了避免火窑将整座城市化为灰烬，1290年玻璃工匠被迫迁至穆拉诺岛）。然而火灾还是接踵而至：1529年1月4日，圣斯特凡诺修道院起火，两个小时之内琼达兄弟的书库被燃烧殆尽，这让他们差点破产。教会焚毁禁书时偶尔也会引发火灾：1559年3月18日，圣马可广场约有10000到12000册书化为烟灰。

讲到这里，我们已经对16世纪的书籍之都有了大体的认识。现在让我们探寻一下威尼斯是如何一步步在印刷界称王称霸的。德国人约翰内斯·古登堡（Johannes Gensfleisch）在1452到1455年间于美茵茨印刷了他的《圣经》。第一本日期明确的书籍要追溯到1457年，1465年在美茵茨之外的另两个德国城市以及意大利，第一批印刷作坊开张了。同年，两个德国神父阿诺德·帕纳兹（Arnold Pannartz）和康拉德·斯威海姆（Conrad

Sweynheym）循着本笃会连接美茵茨和意大利国土的道路，带着必需的印刷器具来到了邻近罗马、位于苏比亚科（正是在此处，圣本笃创立了本笃会）的圣思嘉（Santa Scuolastica）修道院，出版了西塞罗的《论演说家》。印刷术初入意大利，便如星火燎原般席卷全国：1480年欧洲110家营业的印刷作坊中有50多家都在意大利，30多家在德国，9家在法国，8家在西班牙，剩下的分散在欧洲大陆的其他角落。[34]

将印刷术带到威尼斯的也是一位德国人。乔瓦尼·达·施派尔（Giovanni da Spira）也在1469年出版了西塞罗的书，就是我们上文提到的《致友人信》；他申请并取得了威尼斯共和国授予的特许权。特许权在当时的欧洲是一种很普遍的现象，它意味着政府默许持有者在某一个新领域或者在某个旧领域开展新活动时拥有垄断权[35]。乔瓦尼拿到的特许权有效期是5年，除此之外还有10年或直接25年的特许权。特许权只颁发给个人，但这位印刷商拿到特许权短短几个月后便撒手人寰，威尼斯摇身一变为自由市场，四面八方的印刷工蜂拥而至，特别是德国人，纷纷做起印刷生意。无论是在欧洲何处，传播先进印刷技术的总是来自德国的印刷商人："这些真真正正的流浪者，订单的位置决定他们在哪里停留，他们凭借先进的技术和有限的器材，寻找帮助他们立业的投资人和适合开办固定印刷工坊的城市。"[36]

对于来自欧洲中部，想要移民的印刷商来说，威尼斯是不二之选，这是毫无疑问的：在15世纪，几乎一半的威尼斯印刷商都是德国人，大英图书馆收藏的1600本古版书当中有80%“携带着德语世界的红字符号”。[37]总之，德国人发明了印刷术，但为了卖书，他们来到了威尼斯；德国人研究了新技术，但为了在商界立足，物阜民丰、文化繁荣的意大利成为他们移民的首要目的地。

印刷产业想要获得成功，必须具备三个条件：高度集中的文人、储备雄厚的资金和高超的贸易能力。威尼斯恰好具备这些条件，有过之而无不及。邻近的帕多瓦大学集结了优质人才，自农业转型的富商们想要分散投资，正是这些人提供了资金，威尼斯的商业能力和商业网络是15世纪欧洲土地上最强劲和最发达的。书籍装箱上船，漂洋过海，长达几个世纪的贸易往来为威尼斯共和国带来了源源不断的财富。威尼斯——在国土扩张的顶峰时期（为了阻止威尼斯占领米兰，几乎囊括整个欧洲的联盟在1509年的著名战役中将其击败）——拥有将欧洲腹地和中东，甚至更远的地方连接起来的常规贸易路线。驶向南安普顿的船只不幸沉没之后，1432年彼得·圭里尼（Pietro Querini）在罗弗敦群岛靠岸，直觉告诉他这块不毛之地有无穷的潜力，能够开发一条与挪威相连的永久航道；即使马可·波罗（Marco Polo）行经的丝绸之路被切断，商人们依然可以前赴后继地抵达波斯和叙利亚。另一方面，在那时，威尼斯是整个世界的商贸中心，威廉·莎士比亚（William Shakespeare）也证实了这个说法：要不是如此，他也不会写下鼎鼎大名的《威尼斯商人》，更不会在第一幕中借莎莱里奥（Salerio）之口如此述说："您的心绪正随着您那些扬帆的商船在大海上颠荡呢；它们就像浪花中的达官豪绅，或者凯旋的战车，从高处俯视着那些向它们屈膝行礼的小商船，然后睬也不睬地从后者身边飞速驶去。"[38]

在当时，水运是最普遍也是最实惠的运输方式，书籍包装也加入了防水设计：散装书在旅途中被收成一捆，或者被装在桶或箱子里，在外面再刷一层焦油防止渗水。我们知道 1498 年阿尔多·马努齐奥在运货船只失事后打捞起了一箱货物：尽管书籍已有损坏，但还是可以挽救的，因此这些书又重新流回了市场。[39]

还有另一件事值得一提：威尼斯，一座与众不同的自由城市。请注意，这里不是说威尼斯共和国是一个现代意义上的、自由开放的国度，只是相对于当时其他的城邦来说，它提供了难以企及的自由风气，直到 1553 年监察机构横空出世。威尼斯居住着信仰各异的外邦人，在别处此番场景是无法想象的，然而这并非偶然。从奥匈帝国统治下逃脱的希腊人和亚美尼亚人，躲避西班牙和其他欧洲国家压迫的犹太人，在潟湖周围寻觅栖身之所，正如我们所见，他们将成为推动印刷业发展的加速器。不仅如此，在威尼托[1]邦国的边境之内，尤其是海外疆土，生活着讲不同语言的人们——他们也是潜在市场——威尼斯印刷作坊也是第一批印制格拉哥利文（古克罗地亚语）和西里尔文（斯拉夫宗教仪式用语）的地方。

除此之外，德国的印刷术诞生在天主教会的庇护之下，而威尼斯的印刷术则是仰仗古典文学圈的豪绅赞助：15世纪末，45%的欧洲图书都带有宗教色彩，这一比例在意大利降到了32%，在威尼斯只有26%。教会势力偃旗息鼓（甚至连主教都必须是威尼托臣民，并且讨得政府的欢心），宗教裁判所不仅姗姗来迟，职能也削弱了许多，因此16世纪上半叶的威尼斯印刷业拥有绝对的自由权。这样一个富有而自由的国度，商贩们蜂拥而至不足为奇。

再者说，今天我们将威尼斯视作一个“亦邦亦城”的存在，这种观点是完全正确的。威尼斯共和国拥有广袤的疆土，在当时被视作大国，国土面积约占现在意大利北方的三分之二，比肩当今斯洛文尼亚、克罗地亚、黑山和希腊的国土面积，边界线延伸至地中海的克里特岛和塞浦路斯。威尼斯，正如我们所说的，是16世纪三大都市之一，除此之外，威尼托还是欧洲大陆上城市化和工业化进程最高的邦国，欧洲20座居

[1] 威尼托，意大利东北部的一个政区，首府是威尼斯，其他重要城市包括维也纳、帕多瓦等。——编者注

民超过5万的城市，在威尼托境内就有两座（维罗纳和布雷西亚[1]），它的中型城市相较于欧洲其他国家的中型城市来说面积也大得多（位于威尼托大区维琴察省的阿尔齐尼亚诺有7000名居民，同时期英国的曼彻斯特只有4000名居民）。只有威尼托和佛兰德的城市人口超过16%（尤其是前者为20%，即超过1万名居民在城市安家落户）[40]，只有威尼托和伦巴第（大部分地区属于威尼斯共和国）配备了充足的水力资源，阿尔卑斯前陆的山脚下源源不断的河水驱使着水车转动。

正因如此，威尼斯共和国成为了造纸业龙头，造纸作坊集中在布伦塔河和皮亚韦河沿岸，以及加尔达湖西岸（据统计当时制造1公斤纸需要耗费2000升水，用来造纸的水还必须澄澈透明，否则成品会变得粗糙疏劣）。"威尼斯在短时间内统治了意大利印刷业，甚至在一段时期内还掌控了欧洲印刷业"[41]。意大利出版的12 000本古版书（指的是1500年出版的书籍），有5000本都是威尼斯出品，产量占欧洲的45%。也是因为这个缘故，1470年，意大利的第一位印刷工人——克莱蒙特·达·帕多瓦（Clemente da Padova）——就是威尼托臣民。威尼斯印刷业的鼎盛阶段是1526至1550年，在这期间威尼斯制造了意大利将近四分之三、欧洲大陆二分之一的出版物。在接下来的25年

[1] 布雷西亚今属伦巴第大区。——编者注

里，这一数字降至仍旧可观的61%。威尼斯出版的书籍还带有鲜明的特征，即“细致入微的目录、索引和旁注让阅读变得更加轻松”。[42]

市场的鼎沸为传说故事提供了温床：19世纪，拜流言蜚语所赐，人们否认了古登堡对印刷术的贡献，而将功劳归于帕菲洛·卡斯塔尔迪（Panfilo Castaldi），他既是一位医生也是一位人文主义者，出生在16世纪威尼托地区阿尔卑斯前陆山脚下的秀丽小城费尔特雷，在亚德里亚海（当时也属于威尼斯城邦的一部分）沿岸的科佩尔（现斯洛文尼亚境内）和扎达尔（现克罗地亚境内）均生活过一段时间。斯塔尔迪一度放弃医学转投印刷业：在审时度势之后，他确定还没有人在米兰用印刷机、模具和活字大干一番事业，于是他从加莱亚佐·玛丽亚·斯福尔扎（Galeazzo Maria Sforza）公爵那里获得特许权后，于1471年在伦巴第城印制了第一本书。蒸蒸日上的事业引来了觊觎之心，菲利普·达·拉瓦尼亚（Filippo da Lavagna）在米兰开设了一家新印刷店，向卡斯塔尔迪的垄断地位发起挑战。1472年年中，卡斯塔尔迪被迫退出竞争，他变卖了印刷器具，重返海滨拾起了医生本业。到这里就是历史真相的还原了。19世纪许多年的时间里，意大利人确信卡斯塔尔迪才是印刷术真正的创造者，而古登堡是窃取技术的卑鄙小人，有点像亚历山大·格拉汉姆·贝尔（Alexander Graham Bell）将安东尼奥·梅乌奇

（Antonio Meucci）发明的电话据为已有，只不过卡斯塔尔迪并不是印刷术真正的创造者。然而今天，卡斯塔尔迪的故乡为他修筑了一座纪念雕像，并在底座上刻文称他为“印刷之父”，让他在百年后仍然享受着不属于他的美誉。

就像前文提到过的，在威尼斯，不仅书籍产业欣欣向荣，与书籍相关的产业也蓬勃发展起来。投资印刷业的人开始被称作“出版商”，他们还同时是文具商、店老板、印刷工、文人，偶尔兼作作家和编辑[43]。他们创设了第一批大型贸易出版公司，其中有一些还是跨国公司。在所有佛罗伦萨人的脑海中，16世纪最重要的出版人当属在圣马可共和国开展生意的琼达（后来变成了琼达家族）。“他们主要出版宗教书籍，也在私下里贩卖宗教裁判所禁售的图书，销售网覆盖整个欧洲”。[44]一条直通的道路联结起文艺复兴时期意大利最重要的两座文化贸易枢纽：威尼斯和佛罗伦萨。事实上佛罗伦萨人吉罗拉莫·斯特罗齐（Girolamo Strozzi）也不甘落后地在潟湖旁立足产业，他出版的图书随着威尼斯商船从这里销往佛罗伦萨、锡耶纳、比萨、罗马、那不勒斯，甚至美第奇银行分行还支款让他在布鲁日扩张生意，马可·斯特罗齐（Marco Strozzi）资助他在伦敦施展拳脚。他的潜在顾客是居住在这两座外国城市的佛罗伦萨商人。每隔15天，一位吉罗拉莫·斯特罗齐的代理商就会在各家文具店巡视一圈，确保图书都好好地放在店内售卖，而不是被那些有钱买书却偏要借书的狐朋狗友随手抽走了。除此之外，在交付书籍之前，代理商还要检查一下书本有无缺页漏页的现象，避免书商打着“书籍有损”的旗号讨要新书（补全残本，提供缺页是双方默认的惯例）；最终在替换已经售出的书本时，要让对方先缴付费用，而这并不是一件易事，因为商店老板总是试图赊账，拖延付款。[45]

距乔瓦尼·达·施派尔引进第一批印刷机已经过去 10 年（乔瓦尼的弟弟温德林继承了他的衣钵，1477 年出版了第一版但丁·阿利吉耶里的《神曲》评注本），几个大出版商集结成团。1479 年，威尼斯公司诞生，这是一家主要由非威尼斯人组成的印刷公司，短短一年之内就印刷了 20 版图书。法国人尼古拉斯·詹森曾是巴黎皇家铸币厂的铸币工，印刷公司成立之后不久他就离世了，将公司交给了彼得·乌格海默（Peter Ugelheimer）——一个能力出众的法兰克福商人，他开设了一家旅馆，专门接待前去圣地朝拜的德国信徒。乌格海默终其一生致力于推动“威尼斯书籍跨国贸易和跨区贸易的发展和接洽”[46]，除此之外，他还珍藏有一系列装帧精致的书籍，其中两本出自詹森之手。1990 年德国统一后不久，研究文艺复兴时期书籍装订的学者安托尼·霍博森（Antony Hobson）有幸成为了多年之后第一个重新见到它们的人，他将这两本书誉为“15 世纪意大利装订业最超凡的作品”。[47]

威尼斯公司催生出“总部设立于威尼斯的商会，商会负责范围甚广，但还是将工作重心放在意大利中北部和德国的书籍交易上，交易的货物既有自家产品也有别家产品”[48]。公司在有书籍交易的城市雇用了一批文具商，付给他们工资，让他们既可以按照原样贩卖手稿，又有别的新鲜产品出售，并且按月领薪，毫无后顾之忧。1485年乌格海默搬去米兰，并在托斯卡纳声誉最旺的几个大学城开设分公司，为威尼斯书籍开辟了新的市场。

在威尼斯和佛罗伦萨的中轴线上，琼达家族创立了当时最知名的国际商社（还有一家出版社也叫“琼达”，但这家于1840年在佛罗伦萨创建的公司跟文艺复兴时期与它同名的公司没有什么直接的关联），老卢康托尼奥出生在佛罗伦萨，1477年，在他二十多岁的时候，为了投身造纸业搬到了威尼斯。1491年他建起了规模浩大的印刷厂，据统计，直到他去世的那一年（1583年），他统共出版了410部佳作。老卢康托尼奥的儿子们接手了他的产业：琼达兄弟将书店直接开到了西班牙和巴勒莫。1520年他们还在里昂开设了分店，每一家国外分店的经营权都牢牢掌握在琼达家族手中。那时书市上的主流产品是弥撒书一类的宗教书籍，但卢康托尼奥并没有为此所局限，他将书籍印成最受欢迎的几个语种，然后分别售至西班牙、德国、奥地利和克罗地亚，最终成为享誉全球的宗教书籍出版商。他专注于市场，从每批成书中扣留几本，当作礼物送给权贵（每每寄出书籍，他还会送上一些附加的好处：丝绸、糖、胡椒、油和香料）。

书籍的主要贩售渠道有两种：一是卖给专业人士，二是卖给修士僧侣。琼达家族根据订单将书卷送往各个修道院，宗教类的订单占了总销量的五分之二；这份生意做得十分纯粹，因为卖给僧人的书籍有一半是《圣经》和《福音书》，不过另一半是各个种类的书籍，比如《伊利亚特》。宗教书籍也有可能除了书店之外还有其他销路，比如教会招待所会将这些书籍卖给朝圣的香客。1560 年前后，琼达兄弟将主要市场留在了威尼斯，紧接着是里昂市场，份额约为二比一；令人意想不到的是，尽管佛罗伦萨市场十分受重视，销量却不尽如人意。但卢康托尼奥和他的继承者们并没有将过多精力投放在本地市场：他们是专注于拉丁语书籍的跨国商人，以聪明机智排除万难，将书本送到客人身边，无论是价低利薄的小册，还是分布在各地的顾客，都能一一照顾到。他们最终编织出一张强大的商业网络，辅以其他商品，维持着坚固的贸易关系。“得益于批发商的积极活动，他们能将整个欧洲的书籍产业收于麾下”[49]。

工业化、全球化、市场化，在文艺复兴时期的威尼斯已经出现萌芽。尽管我们讨论的已经是半个世纪之前的故事了，但 16 世纪上半叶世界书都所展现出的生产能力和贸易能力并不逊于现代的任何成功企业。

第二章

书籍界的米开朗琪罗
——阿尔多·马努齐奥

绘画界有拉斐尔（Raffaello）声震八方，雕塑界有米开朗琪罗（Michelangelo）技惊四座，建筑界有布鲁内勒斯基（Brunelleschi）享誉世界，印刷界则有阿尔多·马努齐奥名垂青史。虽然相对于“大卫”的雕刻者来说，马努齐奥在大众眼里名气稍逊，但他绝对是一个天才、一个创新者、一个掀起风暴的革命者，他定义了历史的转折点。自他之后，出版业发生了天翻地覆的改变。直到今天，他的理念还一直陪伴着我们，也许只有电子书横行时它才能被束之高阁。你们还记得口袋书吗？马努齐奥发明的。斜体字呢（英语里称它为“italic[1]”可不是偶然）？马努齐奥的杰作。畅销书呢？马努齐奥可是第一个出版它们的人。就像我们提到过的，他贩售彼得拉克的作品，让这个已经死去并被埋葬了半个世纪的人，成为了拥有10万销量（当然包含的并不只有他出版的版本）的畅销作家。10万

[1] 既有“斜体字”的意思，也表示“古意大利的”。——译者注

放在今天也不算一个小数字，更何况是在16世纪初。另外，标点革命将马努齐奥推向句号和逗号之父的宝座：他是第一个使用标点符号的人，在人文主义学者皮埃特罗·本博（Pietro Bembo）的建议下，马努齐奥将希腊语中的标点化入拉丁语和通俗意大利语中，还加入了撇号和重音符号。

阿尔多·马努齐奥（他常将名字签作Aldo Romano，以此纪念自己出身于拉齐奥大区[1]）是第一个赋予阅读娱乐意味的人。这在知识界掀起了巨变，书籍从用来祈祷或学习的工具变化为打发闲暇时光的消遣品。马努齐奥也成了现代意义上的第一位出版商：在他之前的几年里，出版商都是粗鲁无知、只会摆弄印刷机的工人，书本在他们眼里是贩售的货物，他们拼命填塞流水线却罔顾层出不穷的错误。甚至这些人之中还不乏流氓恶棍：1493年马蒂奥·达·帕维亚（Matteo da Pavia）因为在德国商馆谋杀一名聋哑人被起诉；1499年某个叫莫甘蒂（Morgante）的印刷商杀害了一名妓女。[50]

马努齐奥不同，他是一位高雅的、精致的知识分子，他不是根据商业价值，而是根据文本内容挑选要印刷的作品。他是第一个将文化财富与科学技术、市场需求结合在一起的人，其地位之重，以至于出版界被划分为他之前的时代和他之后的时

[1] Romano意为罗马人，罗马位于拉齐奥大区。——译者注

代。马努齐奥还十分善于选择合伙人，与他合作的都是相关各个领域里的精英人才。

威尼斯的文艺气氛似乎是吸引他搬家的主要原因：乔瓦尼·贝萨里翁（Giovanni Bessarione）主教曾在1468年将一些希腊语和拉丁语古典文卷手稿赠予威尼斯共和国，它们被视作镇馆之宝珍存在圣马可图书馆内。印刷，并向同他一样的知识分子传播这些手稿，便是马努齐奥的期求（但最近也有研究指出，接触贝萨里翁主教不是一件易事，也许马努齐奥从未拜访过他）。[51]

无论如何，被许多人誉为出版史上最美之书的《寻爱绮梦》，它的伯乐正是马努齐奥，直到今天，书中的一些内容仍是未解之谜。它香艳露骨，邪端异教，全然不像是出自一位多明我会修士的笔下。书中附有情爱插图，尺度之大几乎可以算作淫画（梵蒂冈图书馆珍藏的版本已经过周密的审查过滤）。乔治·佩恩特（George Painter），大英博物馆古籍收藏负责人（除此之外他还是马塞尔·普鲁斯特的传记作家），将这本书视作出版界的里程碑。“1455年的古登堡《圣经》，1499年的《寻爱绮梦》，两部截然不同、分列两极的作品在古籍界享有相同又相反的重要意义：严肃质朴的古登堡《圣经》，德国、哥特、天主教、中世纪作派；奢靡轻佻的《寻爱绮梦》，意大利、古典、淫逸、文艺复兴风格。这两部印刷艺术上至高无上的杰作支撑着人类探索欲的两极”[52]。

倘若瞧一眼购买阿尔定版书籍的客人名单，我们会发现意大利文艺复兴时期的达官显贵赫然在列：费德里克二世（Federigo Gonzaga）、伊莎贝拉·埃斯特（Isabella d'Este）、卢克雷齐娅·波吉亚（Lucrezia Borgia）、原名为乔凡尼·德·美第奇（Giovanni de'Medici）的教宗利奥十世（Papa Leone X）。在列的学生包括未来的诗人埃克莱·斯特罗齐（Ercole Strozzi）、阿尔贝特·皮奥（Alberto Pio）王子（阿尔贝特还是一位格调高雅的外交官）；友人更是不胜枚举，比如乔瓦尼·皮科·德拉·米兰多拉（Giovanni Pico della Mirandola），伊拉斯谟·鹿特丹姆斯（Erasmo da Rotterdam），人文主义诗人皮埃特罗·本博（Pietro Bembo，威尼斯人）、安杰洛·波利齐亚诺（Angelo Poliziano，佛罗伦萨人）、珍本收藏家让·格列·德赛维（Jean Grolier de Servières，法国财务总长）、英国人文主义学家威廉·拉蒂默（William Latimer，他同时也在坎特伯雷和牛津任教）、来自坎特伯雷的英国医生兼人文主义学家托马斯·利纳克尔（Thomas Linacre，他在牛津教授希腊语）。[53]

与那个时代的其他人物一样，我们对阿尔多·马努齐奥从事出版活动之前的生活知之甚少。他出生在巴夏诺（Bassiano），一座隶属于塞尔莫内塔（Sermoneta）公国的小村庄，位于今天的拉蒂纳省，在罗马东南方向 80 公里处，大概在 1450 年，马努齐奥降生于此地。对于一个想要在人文主义领域有所建树的青年来说，教皇所在的城市是最理想的目的地，因此马努齐奥在 1467 年到 1475 年间挤入贝萨里翁教皇的交际圈，协助加斯帕莱·达·维罗纳（Gaspare da Verona）教授修辞学，或许他在此时接触到了来自德国的本笃会修士们，就像前章提到过的，正是这群人将印刷技艺引入了意大利。1475 年马努齐奥搬到了费拉拉（Ferrara）深造希腊语。他的学生不乏名流，比如乔瓦尼·皮科·德拉·米兰多拉，他是阿尔贝特小王子和利奥奈罗小王子的舅父，正是他向孀居的姐姐卡尔皮公爵夫人提议，雇用马努齐奥作为其儿子们的私人教师。1480 年马努齐奥移居卡尔皮，并在此停留了九年之久。艾米利亚大区中的一座城堡内有一幅至今仍清晰可见的壁画，证实了马努齐奥在这里生活的痕迹。壁画上步入中年的马努齐奥身边陪同着一位年轻健壮的青年阿尔贝特·皮奥。于此地驻留的时光在这位未来的印刷巨匠身上留下了深深的烙印，以至于他的签名都变成了阿尔杜斯·皮乌斯·马努提乌斯·罗马努斯（Aldus Pius Manutius Romanus）[1]，他将“皮奥”取进自己的名字里以示对阿尔贝特王子的忠心。似乎就是在这个时期，马努齐奥草拟了拉丁语的语法，奎利尼·斯坦帕里亚图书馆鉴别出他的手稿，并

[1] 原文为拉丁文，是阿尔多·皮奥·马努齐奥·罗马诺的拉丁化名字。——译者注

让印刷工人巴蒂斯塔·托尔第（Battista Torti）印制了这卷拉丁语挽歌。[54]

1489 到 1490 年间，马努齐奥搬至威尼斯居住。没人知道他为什么这样做。那里居住着另一位名声显赫的罗马人，马可安东尼奥·撒贝里克（Marcantonio Sabellico），他既是共和国史官，又是圣马可图书馆千百件手稿珍品的守卫者。但证明这两人之间发生直接接触的只有一件事，甚至马努齐奥还成为了撒贝里克头号敌手詹巴蒂斯塔·艾聂佐（Giambattista Egnazio）的亲密伙伴[55]。在写给波利齐亚诺（Poliziano）的一封信中，他说威尼斯“是一个比起一座城市更像整个世界的地方”，但它也是那些不辨真假的二手货物的源头。

同样无人知晓的是，为何仅仅三年之后他就决定出版第一版书？“他已年近不惑，在那时，这个年龄意味着嘎吱作响的关节和日渐模糊的视野，即使算不上大放异彩，他的工作也是受人尊敬的。他为自己赚取了容身之所，对许多二流文人来说这已经是梦寐以求的安全感了”[56]。有人猜测他下定决心投身印刷业是因为受够了阅读希腊文和拉丁文古典名著时比比皆是的错误，他想要印制出更加干净无误的内容。待印的书本“准备工作做得十分迅速，总的来说就是从濒临绝版的手稿中精挑细选，一般选中的都是独一份的抄本或是曾被出版过的旧本”[57]。随后这些书卷流到了学生手中，他们在页边空白处记下老师的评注，有时也加上一些自己的见解，最后花上几块达克特，信息量满满的书本就又回到了印刷商手上了，他们将这些书回炉重造，印成了新的评注版。安杰洛·波利齐亚诺（Angelo Poliziano）、马克安东尼奥·撒贝里克（Marcantonio Sabellico）、乔治·瓦拉（Giorgio Valla）对这种制书系统愤懑不已，因为他们的思想成果就这样被轻易窃取了。

我们知道，在马努齐奥出版的图书里（1597 年马努齐奥的侄子将他出版的书籍都捐赠给了梵蒂冈图书馆），无论是希腊语书还是拉丁语书，都找不出一本来诠释这个庞大的印刷工程。“一系列手稿并不是拉丁文典藏、地方编年史、宗教作品、诗文选集和评论杂谈的简单混合”[58]。他出版的第一本书是自己编写的希腊语语法，但这本书却不是他自己印刷的，而是在安德莱亚·托莱萨尼（Andrea Torresani），也被叫作“来自阿索拉的安德莱亚”（阿索拉，靠近曼托瓦，是属于威尼斯却远在伦巴第大区的边缘领土）的印刷工坊里印制的。马努齐奥之所以这样做，一是为了赢得托莱萨尼女儿的芳心，二是为了搬到他位于圣帕特年路的房子里（今天它位于玛尼广场；圣帕特年教堂以及它独一无二的标志性建筑五角钟楼建于 10 世纪，19 世纪时为了腾出空地建造银行而被拆毁）。他自己的印刷作坊位于圣奥古斯丁的皮斯托尔路上（如今纪念碑竖立于当地唯一一座四角建筑上，但这并不意味着这里就是印刷所的原址），印制的第一本书还是希腊语法书，叫作Erotemata，作者是皮埃特罗·本博（Pietro Bembo）的恩师康士坦丁·拉斯卡里斯（Costantino Lascaris）[59]。那是1495年的2月，意大利文艺复兴史上，甚至可以说是整个印刷史上最重要的印刷工坊开门纳客了。更不用说拼版台、活字分格盘等许许多多的发明创造，它们都是马努齐奥智慧的结晶。

我们越来越确定，马努齐奥痴迷于语言，痴迷于“充满音乐律动和丰富细节的语音结构。在语法和语音的精细度上，他展现出一种近乎病态的感性”[60]。他出版许多语法书籍并不是偶然。1501年他还印制了一本希伯来语语法书，用的是希伯来印刷商杰舒·松奇诺（Gershon Soncino）在1492年用过的活字（很有可能就是松奇诺制作了它们），附录在希腊语语法和拉丁语语法书中出版[61]。伊拉斯谟·鹿特丹姆斯（Erasmo da Rotterdam）在离开意大利后不久写作的《愚人颂》（*Elogio della pazzia*）中描绘了语法学家针对存疑词尾唇枪舌剑之时，愚人女神在一旁加油助威的情景。伊拉斯谟用相似的争论还原了马努齐奥工坊内的场景。“倘若有人在一个微不足道的词语上犯了一个小小的错误，而这个小错误又不幸被人发觉，那么工坊内立刻就像炸了锅一般，一时间挑衅、谩骂、激辩一涌而来”[62]，不难看出伊拉斯谟是借此讽刺专家学者的疯狂、荒唐，他还补充道：“语法知识数不胜数，而语法学家数目更甚（我的朋友阿尔多·马努齐奥一个人就出版了五本语法书）。”[63]

总之，马努齐奥职业生涯的前几年绝大部分时间都在印刷希腊语书籍。之后他开始与一些文人学者合作出版亚里士多德的作品。这些学者包括扎卡利亚·卡列吉（Zacharia Calliergi）和马可·穆素罗（Marco Musuro），我们将在专门探讨希腊语书籍的章节里看到他们。但销售这些书的过程却是缓慢的，在1513年的图书目录里（马努齐奥的印刷店里保存着三本图书目录）大批古籍滞销，其中很多书的价格已经一降再降。1498年马努齐奥不幸身染鼠疫，幸运的是他很快痊愈了。在生病期间，他发誓病愈后就去当神父，可是身体康复之后他就立刻后悔了，同年的12月6日，他请求元老院撤销他的申请，元老院也应允了。

马努齐奥早在前期的出版作品里就作出了一项革新：采用古代手抄本的格式，每页分两栏印刷。在此之前书籍都是每页单栏印刷的。在早期印刷作品里，他用的是一种优雅的圆形字体（英语中称之为roman，罗马体），发明者是尼古拉斯·詹森（Nicolas Jenson），后经弗朗西斯科·格利芬（Francesco Griffo）修改，又借博洛尼亚金银匠之手将它做成了斜体字；最终形态的圆形斜体字出现在1499年出版的《寻爱绮梦》中，后来加拉蒙选中它作为自己改良字体的雏形，它还是沿用至今的所有仿古圆体字的原型，各位读者在本书中看到的英文字体也是它的“后裔”。

《寻爱绮梦》原名为*Hypnerotomachia Poliphili*，为求方便通称为*Polifilo*，如我们前文提到过的，它被称为出版史上最美丽的图书（2010 年伦敦佳士得拍卖行拍出了 313 250 英镑的高价，折合 356 000 欧元）。这本 234 页的书里附有许多精致的木版画，其中 172 幅作者不详，但最近有研究指出它们可能出自帕多瓦名画家本尼迪特·伯通（Benedetto Bordon）[64]之手（他将在探讨地理书籍的章节里以《千岛之书》作者的身份出现），这些木版画笔墨精妙，以至于前人认为是安德烈亚·曼特尼亚（Andrea Mantegna）或乔瓦尼·贝利尼（Giovanni Bellini）的作品。《寻爱绮梦》原文本身便优美动人，书页间精巧的画作让这部作品更显非凡绝妙。

“它是文艺复兴时期最华美的书本，插图丰富，装帧精致，然而其真容直到今天依然扑朔迷离，文中缀满混杂了各种语言和方言的古怪隐语”[65]，说得更确切一些，这些语言包括意大利语、威尼斯方言、拉丁语、希腊语，还带有一些希伯来语、迦勒底语、阿拉伯语和作者自创语言的痕迹。“这是一部疯狂的作品，清丽的字体和精妙的排版令人称奇，本书的精致优美让其他书籍望尘莫及，书中所附精雕细琢的木版画，是威尼斯雕刻界毋庸置疑的杰作”[66]。这本书写成于出版前 32 年，作者是一名来自特雷维索的多明我会修士，名叫弗朗西斯科·科隆纳

（Francesco Colonna）。1455年他加入教会，开启了写作生涯，1467年他清醒地意识到自己正在创作一部有悖于教规戒律的作品。大约在1471年，弗朗西斯科进入位于威尼斯的圣若望及保禄大殿（San Zanipolo），并于1527年长眠于此，以94岁高龄告别人世；《寻爱绮梦》在作者66岁时出版。莱昂纳多·克拉索（Leonardo Crasso），一位富有的维罗纳商人赞助了本书的出版，并把此书献给了乌尔比诺公爵圭多巴尔多·迪·蒙特菲尔特罗（Guidobaldo di Montefeltro）。阿尔多·马努齐奥的名字只小小出现在了书后的勘误表上。

故事讲述了一场寻爱之旅，主人公逃跑的恋人宝莉亚（Polia），一部分源自真实人物，一部分则是虚构抽象的理想人物。原型很有可能是身份高贵的主教侄女露克莱齐亚·莱利（Lucrezia Lelli），作者对她一见倾心，却碍于地位差距只能遥遥观望。本书带有自传性质——也正是因为这个原因，作者隐去了姓名——但通过几个文字游戏，我们能把作者的名字重新拼写出来[67]。《寻爱绮梦》（*Hypnerotomachia*）其实是三个希腊语词汇的组合，它们分别意味着梦、爱与战斗。主角普力菲罗（Polìfilo），梦到了美丽的宝莉亚，为了追赶上她，他通过了层层试炼。在寻觅藏于密林之中的宝莉亚时，普力菲罗找到并阅读了大量古代石碑。1467年5月1日在特莱维索，男主角从爱情的美梦中醒来。在人们普遍接受2月14日情人节、5月1

日劳动节的说法之前，普力菲罗从梦中醒转之日，被当作爱侣们的节日。[68]

然而书中的用语有矫揉造作之嫌，即使词句精致易懂，却在很长时间里被搁置一隅，鲜有人问津。几年后，巴尔达萨雷·卡斯蒂利奥内（Baldesar Castiglione）在他的《廷臣论》（1528）中表达了对《寻爱绮梦》的不屑，认为其人物对话繁冗多余。詹姆斯·乔伊斯（James Joyce）在《芬尼根的守灵夜》中将这本书定义为："背负着逝去的光阴、失落的土地、遗落在后的方言缓缓前行的落魄人。"[1] 与此同时，还有人从专业角度剖析主人公的梦境，这个人就是心理学家卡尔·荣格（Carl Jung），1925 年他读到了本书的法语版本。[69]

我们不知道阿尔多·马努齐奥对这部作品是怎么想的，也许他只将其视为一项印刷工作上的挑战。但我们需要清楚地认识到这本书缺乏正统性，特别是与一年之后（1500 年）马努齐奥自费出版的圣加大利纳（santa Caterina da Siena）所著的《宗徒书信》相对比。这本书之所以十分重要，是因为出版史上第一句用斜体字印刷的句子包含其中，虽然这句话只有几个单词：耶稣万岁！耶稣万福！1501 年 3 月 23 日马努齐奥向威尼斯元老院申请斜体字的专利保护，"斜体字是从 15 世纪后半期

[1] 原文为德语，意大利语译自 L.Schenoni，蒙达利出版公司，米兰，2004。

意大利官方文书的手稿中得到灵感，力求在印刷时彰显手写字体的优雅和美丽”[70]。但斜体字还有另一个特点，在原材料——纸张——售价昂贵的年代，这一特点无疑是锦上添花：倾斜的字体所占面积更少，比起圆形字，使用斜体字印刷能把行间距压缩得更紧密，从而节约纸张。这样说来斜体字几乎没有缺点——一定要挑毛病的话，只能说比起圆体字，斜体字较不便于阅读，但16世纪流行的概念是印刷体须得模仿手写体，而弗朗西斯科·格利芬构想的新字体最接近这一标准。斜体字是“印刷史上最成功的发明之一”[71]，它“不仅因优雅的字形为16世纪的印刷者所赞叹，还在意大利文艺复兴时期被树为典范，直到今天”[72]。

1502年11月14日马努齐奥得到了在威尼斯共和国的领土之上用斜体字印刷希腊文和拉丁文书籍的特许权。马努齐奥和格利芬的合作持续了10年，或者最多12年，这时马努齐奥的印刷作坊已经运作了7年，而这多亏了格利芬将三种不同语言（拉丁语、希腊语、希伯来语）的12套字体付诸现实[73]。购买新字体的花费极高，“可以说是千金难换”。[74]

弗朗西斯科·格利芬的人生最终落得凄凉结局。他重返故土博洛尼亚之后，也试图在出版行业分一桶金，1516年他印制了彼得拉克（Petrarca）的《歌集》（*Canzoniere*），但不久之后他用一根金属棍（“也许是未加工过的冲模”[75]）劈裂了他女婿的脑袋。格利芬因谋杀罪被捕，我们不知道他的命运最终如何收场，但他的名字很快淹没在历史浪潮中，再也辨不分明。

与斜体字一同流行开来的还有马努齐奥的另一项重大发明——袖珍口袋书，他将这种迷你小书称为“自由便携书”，称呼无关书本内容，而是说它几乎能够装进所有的口袋。“对在欧洲各大学府云游的学生和学者来说，袖珍书足够经济实惠”[76]。但马努齐奥并不是第一个制作 8 开本书籍的人，早先为了方便四处游走的牧师们携带，宗教书籍也被做成 8 开大小，但对于那些要摊在讲经台上的厚重巨卷来说，情况就变得非常复杂了。马努齐奥是第一个将经典名著做成 8 开本的人。1501 年 4 月，他先是印制了维吉尔（Virgilio）的作品，一年之后拉丁语诗人卡图卢斯（Catullo）、提布鲁斯（Tibullo）、普罗佩提乌斯（Properzio）的作品也先后出炉，卖出超过 3000 册，成为当时的畅销书。在 1501 年，马努齐奥还出版了彼得拉克的作品，这是他印刷的第一本通俗语书。

马努齐奥因为他掀起的印刷革命而被大众所熟知。他写信给马林 · 萨努多说便携书可以让人在忙于政事和学习之外的空闲时间里阅读，又给军官巴尔托罗梅 · 达维亚诺（Bartolomeo d'Alviano，几年之后担任阿尼亚德洛之战的指挥官）传信建议他在军事战役中也随身携带一本袖珍书[77]。从此，读书不再只是为了学习，也可以当作一种消遣；通过读书获得乐趣而非攫取知识既是半个世纪前的概念，也是今天人们习以为常的想法。

对马努齐奥来说，革命就像樱桃一般，总是一个连着一个。皮埃特罗·本博，这位威尼斯枢机主教兼人文学者在他所著的地理学书籍《埃特纳大山》（*De Aetna*）中动情地描绘了西西里火山喷发的场景。马努齐奥在本书付印时采纳了作者的建议，第一次使用钩形逗号，并衍生出撇号、重音号、句号和逗号。1502 年，他开始以船锚和海豚标记自己出版的图书，这个标志的首次亮相（以横卧的姿势）是在《寻爱绮梦》的一张插画上。马努齐奥还开始涉足书本装订，并称其为“镶边”，他用摩洛哥风格的橄榄绿皮革辅以仿真花朵和层层叠叠的金色几何图形的方法，一时间风靡整个意大利北部。

马努齐奥创设了一家希腊语学院，叫作“新学院（Neaccademi）”或“阿尔定学院（Accademia aldina）”，他用这种狡猾又聪明的方式免费将当时文人学者的观点与意见收为己用。1502 年威尼斯的文学圈子活跃起来，不幸的是，拆开梵蒂冈宗座图书馆一本藏书的装订，这个小团体的章程才得以重见天日（用旧纸张装订书籍是很常见的）。他们所有人之间都用希腊语交流，要是有人说错，就要缴纳罚款，为来日的欢宴聚会出些钱财[78]。受主教贝萨里翁影响，在罗马，这个将希腊语视作通用语言的城市，马努齐奥的学院成了意大利文艺复兴时期的第五大学院，在它之前的四所学院，两所在罗马，一所在佛罗伦萨，还有一所在那不勒斯。[79]

在这段时期，马努齐奥的个人生活也迎来了重大变化：1505年，年逾五十的阿尔多·马努齐奥迎娶了安德莱亚·托莱萨尼20岁的女儿玛利亚。他们一共有5个孩子。阿尔贝特·皮奥王子曾邀请这对新婚夫妇前往卡尔皮度蜜月，然而马努齐奥并没有同年轻的妻子享受假期，而是转身投入了工作里。他出版了《伊索寓言》，还将皮埃特罗·本博的《阿索拉人》（*gli Asolani*）制成了两个版本：一版附有卢克雷齐娅·波吉亚的题词，另一版没有。结婚一年后，马努齐奥从皮斯托尔路搬到了圣帕特尼路，和他的岳父同工同住。

这时马努齐奥暂缓工作，前往米兰、克雷莫纳和阿索拉研究手稿。然而他中途却被曼托瓦的士兵误抓，扔进了"一座脏乱可怖的监狱"里，幸而有米兰元老会的主席暗中搭救，他才得以脱身，恢复自由之后，他向救命恩人送上了一本贺拉斯的《歌集》（*Odi*）。[80]

马努齐奥的岳父托莱萨尼和皮尔弗朗西斯科·巴尔巴里格（Piefranceco Barbarigo）创立了一家新公司，因此1507年马努齐奥回到印刷店帮忙工作。皮尔弗朗西斯科是威尼斯共和国执政官的儿子和侄子：他的叔父马可·巴尔巴里格在1485年当选执政官，他的父亲奥古斯丁·巴尔巴里格1486年继任这一职位，而皮尔弗朗西斯科本人成为了元老院议员。巴尔巴里格家族，印刷公司最大的股东，以其庞大的家族势力为马努齐奥的印刷事业保驾护航。

同年10月28日，伊拉斯谟亲自前往威尼斯讨论出版自己的作品《格言录》（*Adagia*）。这位荷兰学者在《肮脏的财富》（*Opulentia sordida*）中对马努齐奥印刷工坊的日常生活做了一段侧写，还把他的岳父托莱萨尼描绘成一个富有的守财奴："（托莱萨尼）招待客人的食物就像从公共厕所里爬出来的软体动物，蔬菜汤是用过期奶酪或变质牛肚的硬皮做成的，端上桌的酒也又酸又涩，勾兑过水。"伊拉斯谟与马努齐奥商谈，希望他能出版自己翻译的欧里庇得斯（Euripide）的作品，因为美丽的阿尔定字体能让这本书流芳百世。彼时这位荷兰哲学家来到威尼斯，整日忙于第一版《格言录》的出版工作，在马努齐奥的书店内乐此不疲地校对草稿、修改文章。创作进展飞快，一天就能完成3页，因此整部作品完工只花了9个月的时间，于1508年出版。[81]

时间来到康布雷联盟对抗威尼斯共和国的战役前夕，在这段黑暗时期，马努齐奥幸得卢克雷齐娅·波吉亚女爵的庇护，来到费拉拉（Ferrara）避难。1512年，他重启印刷工作，并将主要精力投入在印刷希伯来文作品上。他出版了品达（Pindaro）和柏拉图（Platone）的作品，完成了对自己曾经的要求：印制所有希腊语古典名著[82]。高级希腊语图书的出版和古典拉丁文名著8开本的坚持制作将恢复后的印刷工作推向顶峰。另一方面，战火的蔓延让许多学者逃离帕多瓦（被帝国占领），在威尼斯寻求落脚点，能在阿尔多的印刷工坊赚取安身之所对他们来说是再好不过的一件事。比如编辑柏拉图和其他希腊演说家作品的马可·穆素罗，就是他们其中之一。[83]

无数对阿尔定字体的仿造从另一面证实了马努齐奥的巨大成功。伪造者当中有意大利人，但绝大多数是法国人。“里昂的印刷商在短时间内破解了制造斜体字的方法并重制了模具，直到他们被迫在前言中注明版权”[84]。为了拿到在威尼斯和海外的版权，马努齐奥花费了大量的时间和金钱，但收效甚微。“里昂人不承认自己印刷的是阿尔定版图书，只要他们还活着，就会继续使用阿尔定斜体字，将来自南方的特许权、训令、告诫通通抛诸脑后”[85]。而马努齐奥自己还踢了个乌龙球。为了让读者鉴别真伪，他将盗版书中的错误一一列出，没想到却为伪造者提供了一本绝佳又权威的避错指南。

无论如何，马努齐奥现在已经封神了：印刷之王变成了人人竞相争议的人物，为此马努齐奥抱怨连连。1514年，即去世的前一年，他写信给友人说道：“我的工作被万般阻挠。每隔不到一小时就有某位学者的信件送来。如果我要一一回复，就得潦草地写上一天一夜。白天到访者接踵而至，有些人只是来打个招呼，有些人想看看有没有新书，大部分的人进到我的书店并没有什么特别的事情要做。'我们去马努齐奥的书店里瞅一眼吧。'他们如是说。这些人一会儿走走逛逛，一会儿又坐下来聊天，全然不带目的。但比起那些要我出版他们诗作或散文（通常都非常平庸）的人来说，这些游手好闲者就不那么讨厌了。这些扰人的事情越来越多，我得想个办法规避一下。大部分的信件我都不会回复，即使有个别回复也是只言片语。我在工作室门口贴了一张告示，上面写道：'无论您是谁，阿尔多请您精简您的问题并尽快离开。'"[86]

1515 年 1 月，马努齐奥印制了他人生中的最后一版书——卢克莱修的《物性论》（*De rerum natura*）。2 月 6 日，他离开了人世，棺木放在圣帕特尼教堂内，死者生前印制的一本本书籍伴其左右。帕多瓦大学教授拉斐尔 · 雷吉斯（Raffaele Regio）为他念诵悼词。

马努齐奥改变了整个欧洲的学习方式。"托马斯 · 莫尔（Tommaso Moro）所著的《乌托邦》（1516）里，当主人公想要传授乌托邦人印刷技术时，他展示的正是马努齐奥的希腊语书籍，它是欧洲文学和技术所能提供的最优产品的标志"。[87]

二十年间阿尔多 · 马努齐奥出版了 132 本书，其中包含 73 本古典名著（34 本拉丁文，39 本希腊文），8 本意大利白话书，20 本当代拉丁文作品，18 本教材（其中包含 12 本希腊语教材）。在所有出版商发行的 49 版希腊语图书中，马努齐奥自已就印制了30版。除了1506年至1512年贝里克时期他只出版了11本书，其余时间他保持每年印制10本左右的速度，也就是几乎一个月一本，那时都是用小钳子将活字块从分格盘上夹出，然后拼凑成文章（和几十年前的工序一样）。[88]

马努齐奥的岳父安德莱亚·托莱萨尼成为印刷店店主，直到1517年9月他的儿子乔瓦尼·托莱萨尼（Giovanni Torresani）子承父业工作到1528年。父亲去世之后，子女们因为遗产问题纠葛不休，印刷作坊也被迫关门。1533年，保罗·马努齐奥（Paolo Manuzio）重新开张，1574年，保罗去世后，由小阿尔多·马努齐奥（Aldo Manuzio il Giovane）接手他的工作。1597年，这座改写了世界图书史的印刷铺终于在历史中消逝。

第三章

《塔木德》的诞生

把一个佛兰芒人、一个德国人和一个突尼斯人凑在一起扔到威尼斯，你就能得到16世纪上半期希伯来语集大成的智慧之作。这三人乡源不同，宗教不同（一个是基督教徒，一个是改宗犹太教徒，一个是正统犹太教徒），却在威尼斯共和国相聚一堂。在那光辉绚丽、无可替代的几十年里，威尼斯共和国不仅是整个出版业的中心，还是希伯来出版界毋庸置疑的中心。为了便于各位读者理解为什么是威尼斯潟湖区印制了拉比《圣经》[1] 和历史上的第一本《塔木德》[2]，我们有必要先来讲述一下威尼斯共和国与希伯来人之间这段纠结、漫长而复杂的关系。

世界上的第一个犹太人居住区叫作“serraglio de'giudei（犹太棚户区）”，1516年3月29日在威尼斯建造，位于卡纳雷吉欧区的哲罗姆教区。然而犹太人在潟湖区的出现要追溯到更早

[1] 犹太教、基督教的经典，讲述古时犹太人、耶和华的历史，并记录先知预言。——编者注

[2] 犹太教的宗教文献，源于公元前2世纪至公元前5世纪间，记录了犹太教的律法、条例和传统。——编者注

之前。位于威尼斯南端的朱代卡岛，据说（未经考证）名字来源于13世纪的至少一个犹太教会。在威尼斯乘船穿游的必要性还引发了犹太智者间的一场威尼斯风格浓厚的争论，争辩的主题是，在星期六乘贡多拉[1]是否合法。这场发生在17世纪的辩论却要追溯到1244年，当年犹太拉比[2]伊萨亚·达·特拉尼（Isaia da Trani）曾在日间乘船漫游威尼斯，但这种做法是不被允许的。四个世纪之后，拉比西蒙·卢扎托（Simone Luzzatto）坚称在周六搭乘贡多拉是合法的，他的观点正是建立在伊萨亚·达·特拉尼的例子上，但学派理事会驳回了他的论文，称其太过荒谬和现代。[89]

对犹太人来说，生活在“统治区”（作为当时的首都，威尼斯被如此称呼）并不是妥协，但也仅限于生活在大陆上。1492年后，费尔南多二世（Fernando d'Aragona）和伊莎贝拉一世（Isabella I di Castiglia）将犹太人逐出伊比利亚半岛，他们之中许多人流落到威尼托邦国这个相对安全的地方寻求庇护。在伦巴第，威尼斯与阿尼亚德洛一战（1509年5月14日）之后，转折点也随之而来，面对当时的列强联盟，威尼斯共和国摇摇欲坠，险些就要被从地图上抹去。犹太人又从被神圣罗马帝国

---

[1] 又名“公朵拉”，是独具特色的威尼斯尖舟，是威尼斯人代步的工具。——编者注

[2] 犹太人的特别阶层，主要为有学问的学者，是老师，也是智者的象征。——译者注

和法国侵占的土地上逃出来，大部分人流亡至“统治区”，栖身于安全的潟湖水域。不久后他们前往城市生活，但同时又害怕自己的到来太过引人注目，会引来愤懑，因此犹太人们希望能够结伴生活在一处安全的地方。“为不同国籍、不同宗教的市民构筑的分散式小区模型在一些伊斯兰地区已经制定完善，这种做法并不含消极意味，反而是在向居住于此的人释放安全信号”[90]。举个例子，在君士坦丁堡，热那亚基督教徒们离群索居地生活在卡拉柯伊的住宅区，日常起居还会受到保护。“就连16世纪声名远扬的威尼斯旅店，比如为德国人开办的那一家，也是仿照经常居住在伊斯兰土地上的基督徒商人的建筑建造的”[91]。德国商会自13世纪起就存在了，而土耳其商会直到17世纪才迟迟出现。

“犹太人居住区”的说法其实是新概念套用旧体系。最大的不同在于犹太人想要一个远离外族的世外桃源，没承想各家各户被安置得零零散散。1516年的春天，威尼斯共和国将犹太人遣送至一座被沟渠切割得四分五裂的小镇，夜间闭城的工作倒是十分方便。先前此处设有铸炮厂，时常可见工人丢掷金属，德系犹太人（也称作“阿什肯纳兹犹太人”）发不出软辅音，“丢掷（getto）”一词就被念成了“ghetto（犹太人居住区）”，这种说法是“犹太人居住区”一词词源最可信的解释。“威尼斯共和国俨然是一处温柔、热情的梦想之地，这里聚集了来自德国、意大利和西班牙的犹太人，受迫害者、被驱逐者，或是只想简简单单讨个生活、提升社会地位的人一拥而来。他们随身携带的祷告文、脱口而出的俏皮话，还有特点鲜明的民族服饰，转瞬之间就构架起一个团结的社区”[92]。

世事皆有两面性，坏事也有转好的一面：闭塞在聚集区的威尼斯犹太人退让一步，自己动手建设属于他们的宗教场所。做祷告需要经书，如同历史上第一个犹太人居住区的出现一样，对宗教书籍的需求暗中催生了轰动一时的希伯来语出版业，并让威尼斯在欧洲和地中海地区大放异彩。“威尼斯将希伯来人搁置一隅。但在犹太人居住区，这个种族歧视和种族割裂的代表地，他们知道如何生存，如何向后代传承独一无二的希伯来文化和精神。书籍自那些艰难岁月起，成为每一个犹太人生存的支柱”[93]。

威尼斯庞大的外国人社区——希腊人、亚美尼亚人、达尔马提亚人和犹太人——给现在的城市布局留下了深深的痕迹，尤其是犹太人社区对威尼斯社会有不可估量的影响和改动。当然，在数百年的时间里，威尼斯与犹太人的关系时好时坏。威尼斯一再重申的参军义务在某些时期意味着对犹太民族缺乏尊重。在对土耳其的战争中，犹太人处境凄惨，因为他们毫无理由地被怀疑为勾结敌军的内奸。这种情况在塞浦路斯战争期间更甚，这场由勒班陀战役（1571 年 10 月 7 日）引发的战争以威尼斯共和国损失地中海上的一座大岛而告终。然而炮火还在继续，背后教唆挑拨的是一位富可敌国的犹太裔葡萄牙人约瑟夫·纳西（Joseph Nasi），他取道威尼斯共和国，后在君士坦丁堡靠岸，摇身一变成为了奥斯曼帝国苏丹塞利姆二世的顾问，对威尼斯的仇恨使他煽动一切土耳其权贵力量挑起战争。

但在一段时期内，犹太人与基督徒之间微妙的关系变得愈加紧密。里昂·达·莫迪拿（Leone da Modena，也许是威尼斯犹太教最重要的拉比）在17世纪上半叶，吸引了难以计数的非犹太人聆听布告；他所处时代的人们，沉溺于赌博美色，基督教徒们不愁没处消遣。莫迪拿的学生莎拉·科皮奥·苏拉姆（Sara Copio Sullam），被称为“犹太区的女诗人”，创立了威尼斯最著名的沙龙之一，犹太人、异教徒和修士皆列席其中。犹太人最先庆祝了弗朗西斯科·莫罗西尼（Francesco Morosini）在1684—1699年间与土耳其的战争中于摩里亚（希腊南部半岛，又称伯罗奔尼撒）取得的鼓舞人心的胜利，他们将这场战争编排成声势浩大的表演，搬上新犹太聚集区的舞台。犹太学者还经常被名门望族请到婚礼上作诗赋词。相似的社会互动和文化互动只有20世纪的维也纳可以比拟。

另一方面，这种氛围为威廉·莎士比亚（William Shakespeare）的《威尼斯商人》提供了背景环境。夏洛克和巴萨尼奥的故事不会发生在别处，不会发生在一个犹太人缺乏社会影响力的地方。“夏洛克，威尼斯城中最著名的犹太人，是不曾存在于真实世界里的。然而威廉·莎士比亚在他的喜剧中，用悲剧、痛苦甚至残酷的语调将夏洛克勾勒成一个缥缈的符号。夏洛克，一个虚构人物，但却真实得令人害怕，他有血有肉，去仇恨，去报复，他的形象是完完全全现代的”[94]。一个符号，帮助我们了解在犹太人聚集区内部不同族群的威尼斯犹太人之间的差别，比如“操持典当行的通常是德系犹太人，海上贸易的主心骨多是塞法迪犹太人”[95]。正是这些“德国人”（德系犹太人）在异邦重建犹太教，“让民族传统的车轮在文化和科技的轨道上走得越来越远”[96]。

这一背景下，希伯来语印刷业迅速壮大——与别处恰恰相反——由于威尼斯共和国禁止犹太人私自印书，饥饿的书籍市场并不是靠犹太印刷商喂饱的。威尼斯出版业一派繁荣，短时间内这座城市成为了“欧洲希伯来语出版界的巅峰”[97]，但这段时间内只出现了一位犹太印刷商——梅耶·帕伦佐（Meir Parenzo），后文还会提到他。被称作“有史以来最伟大的犹太印刷商”[98]的杰舒·松奇诺，尽管三番五次地想要在威尼斯开展事业，却未曾成功泊岸。他退而求其次，来到威尼托邦国的布雷西亚，1494 年出版了一本在历史长河中举足轻重的圣经——《柏林圣经》，即马丁·路德翻译的德语版本，为宗教改革铺平了道路。

威尼斯第一个印刷希伯来文的人是一名来自安特卫普的基督徒——丹尼尔·波慕伯格（Daniel Bomberg），他也是世界上第一个出版拉比《圣经》和《塔木德》的人。然而这些成绩得来不易：为了向政府讨取希伯来文印刷特许权，他耗费了大量的精力，随之而来的还有越来越高的费用和接连不断的驳回。在他递出附有500达克特的第五份申请时，政府终于批准他拥有10年的特许印刷权。显而易见的是，除却贵族们在宗教上的顾虑，金钱也是一道难以逾越的沟壑，而同样显而易见的是，波慕伯格愿意为特许权支付天价数字就意味着他期待着更加丰厚的回报[99]。1515年，他与皈依基督教的犹太修士费里切·达·普拉托（Felice da Prato）合作创立了一家印刷厂，后者"向威尼斯政府申请'四个才华横溢的犹太人'做助手，同时还希望他们来自外省且享有特殊权利"[100]。佛兰芒人来到潟湖区掀起了印刷工人的移民浪潮，他们纷纷自德语世界南下意大利，《塔木德》的出版编辑康奈琉斯·阿德拉肯（Cornelius Adelkin）——转变信仰之前名为伊斯兰·本·巴鲁克（Israel ben Baruk）[101]，也是其中一员。

波慕伯格早期印制的作品已经遗失，或许是在宗教裁判所的火刑中化为青灰。1517年他出版了包含"阿拉米语翻译和中世纪希伯来文评注"[102]的第一版拉比《圣经》。"此书由犹太改宗教徒费里切·达·普拉托编辑，献给教皇里昂十世。因为编辑和题献的缘故，犹太人并不承认这本书，而是将 1524—1525 年出现的突尼斯犹太人雅科夫 · 本 · 查耶姆（Yaaqov ben Chayyim）编辑的一式四卷版本视为第一版拉比《圣经》"[103]。从以上几个例子里我们不难看出，这些希伯来语出版物的目标群体并不是犹太人，而是"犹太派"，既有犹太人也有基督徒。给里昂十世的题词"让人不禁想到希伯来文图书的受众不只是犹太人，在彼时的宗教环境和人文环境中，人们对希伯来文化的兴趣越来越浓"[104]。毋庸置疑，希伯来印刷业的繁荣带动了"人们对希伯来文化以外的文学作品的兴趣"[105]，品读原汁原味的西方文化奠基之作的需求越来越多。

查耶姆，这位能力非凡的语文学家，沿着一条不同于改宗先辈的道路前行，他承袭传统文化，完成了对手稿的漫长研究：他编辑的拉比《圣经》被作为参考标准沿用了四个世纪，1913 年在莱比锡（Lipsia）印刷的希伯来《圣经》问世之前，它一直是"欧洲神学院，尤其是新教徒之间流传最广的书籍"[106]。"无论是从文章编著还是经济价值来看，拉比《圣经》都被视为波慕伯格出版的最重要的图书之一"[107]。

拉比《圣经》制作期间，《塔木德》也在筹备之中。康奈琉斯 · 阿德拉肯编辑的 12 卷《巴比伦塔木德》在 1520—1523 年间出版；1522—1523 年，4 卷《耶路撒冷塔木德》也流向市场。波慕伯格版书籍之所以值得纪念，"不仅因为其精准的语言和美丽的字体，还因为其独特的拼版”[108]，他还创立了自己的流派：“波慕伯格拼版之精妙，以至于接下来的几个世纪都在被不断复刻。”[109]正如人们所见，在这短短几年间，这位移居威尼斯的佛兰芒印刷商率先出版了几部希伯来文化的奠基之作。他的业务范围十分广阔，忙于制书的同时还在为“当时无数位于罗马、西班牙、德国、希腊，甚至是叙利亚阿勒颇的海外犹太人社区”[110]委员会工作。

一份保存完善的12卷波慕伯格版《塔木德》复刻本被放在苏富比拍卖行竞拍，与它一同拍卖的还有价值4000万美元的1.3万本稀有希伯来语书籍。这些书保存在瓦尔玛多娜信托图书馆，是瓦尔玛多纳伯爵（头衔得名于皮埃蒙特大区亚历山德里亚省的一个小城）杰克·伦泽（Jack Lunzer）在60年之中四处收集而来的不可多得的珍藏。这位先生1924年在安特卫普出生，父亲是英国人，童年时期迁至伦敦，日后成为了钻石工业最重要的国际商人之一。伦泽从20世纪50年代开始收藏希伯来文图书。1956年他得知威斯敏斯特教堂（Abbazia di Westminster）存有一套乏人问津的波慕伯格版《巴比伦塔木德》。这套书是亨利八世订制的，为了离婚，他曾考虑皈依犹太教。但这12卷书抵达伦敦时已经是多年之后了，国王早已建立了英格兰教会，这套书也就失去了价值。书已经花钱买下，只好被搁置在威斯敏斯特教堂沉睡了几个世纪。20世纪60年代时得益于一场交换，伦泽长达25年的追逐终于圆满告终：他“捐献”出一套公元9世纪时老威斯敏斯特教堂的章程，换取威尼斯版《塔木德》。伦泽的侄子讲道，威斯敏斯特教堂图书馆的负责人知道章程位于何处，因此他对这位收藏家的来访表示热烈欢迎并对他说：“伦泽先生，我们已经等候您多时了。”[111]

回到16世纪，当我们走进波慕伯格的书店时还会发现另一个重要人物，他也是一位德国人，叫作埃利亚·本·阿什尔哈-利维·阿什克纳齐（Eliyyah ben Asher ha-Levi Ashkenazi），埃利亚·利维达（Elia Levita）是他更为人熟知的名字，1528—1549年（中间有四年的间断），他在波慕伯格的印刷厂作为“顾问、编辑和草稿校对”[112]工作。利维达1527年在逃离罗马的途中遭遇一伙雇佣兵，“身家财产、书籍手稿通通散尽，他和家人死里逃生躲避至威尼斯，作为草稿校对工在波慕伯格的印刷厂里赚取一口面包，同时教授几位基督教要人希伯来语”[113]。

提起埃利亚·利维达的名字，人们常常会联想到第一本完整的希伯来语语法书。事实上，早先也有人做过尝试印刷语法书，其中也不乏名作，比如“几乎可以肯定作者是杰舒·松奇诺的《希伯来语语法精要[1]》，阿尔多·马努齐奥在1501—1502年印制了这本书并将它附在希腊语和拉丁语语法中”[114]。《传统即

[1] 原文为拉丁语。——译者注

传统》（*Masoret ha-Massoret*）——“希伯来文化真正的古典巨著”[115]，1538年埃利亚·利维达将其付印。这位学者第一个确立了画点表示元音的方式，不同于那时公认的古老的希伯来字母表，他援引了一项公元5世纪基督教时代的创新之举。由于这个原因，波慕伯格在出版语法书时都要在目录上画上一只做指示标记的小手，仿佛是在提醒读者：“看！新内容在这里！”[116]利维达对自己的老板表现出了十足的情谊和敬佩，称他为“印刷大师，以色列国土上无人可比的艺术家”[117]，并一直忠心耿耿地追随着他，尽管他已成为两位主教——先是艾吉托·达·维特尔博（Egidio da Viterbo），后是多美尼科·格里玛尼（Domenico Grimani）——的希伯来语教师。后者是一位威尼斯贵族，在图书史上占有一席之地，因为他为我们留下了一本宝书，这本书在印刷界地位堪比西斯廷教堂之于壁画界，它就是《格里玛尼祷告文》。这本书共832页，装帧精美，内含50多幅佛兰芒艺术家整页绘制的袖珍画。当然1520年它还在主教手上，如今这份华丽的原稿安放在威尼斯的圣马可图书馆内。

“希伯来语图书界的阿尔多”——波慕伯格常被拿来对比马努齐奥（这位无须赘述，大家中的大家）——在1516—1548年，32年的工作时间里，印刷了180部作品。他采用质量上乘的纸张，历经岁月折磨已经发黄，但却仍然坚韧不破；用的水印的形状是包含着星星和船锚的圆圈。“教会的监察官曾在成千上万的书卷上泼上墨水，但这些纸张的生命比墨水更加顽强，因此当后者褪色之后，一度消失的文字又重新浮现，证明了多美尼克·耶罗索里密达诺（Domenico Ierosolimitano），还有路易吉·达·博洛尼亚（Luigi da Bologna）和乔瓦尼·多米尼克·卡列托（Giovanni Dominico Carretto）（三位干得最起劲的监察官）白白浪费了生命和墨水”[118]。但事实上并不是所有书都能逃过一劫：1525年由波慕伯格出版，保存在威尼斯犹太社区雷纳多·马斯特罗图书馆里的《犹太教法典》（*Mishne Torà*）就惨遭荼毒，许多书页都被监察官涂黑；有些时候被抹去的文字能够在墨迹褪去之后重见天日，另一些时候书页被墨水浸透损毁，字迹已然辨不分明（这卷书的西班牙语题词还依稀可见：它是意大利最珍贵的书籍，也是世界上最珍贵的书籍[1]）。

没有人知道为什么这位佛兰芒印刷商决定就此收手：他的儿子大卫又继续出版了一些书，但不久之后他就将活字变卖给了其他印刷商。在他之后又出现了另一位人物，马可·安东尼奥·朱斯缇亚尼（Marco Antonio Giustiniani），一位威尼斯贵族，他在里亚尔托的五号路（这条路至今还在，名字也没有改变，它连接了汶水河岸与里亚尔托，但没有标志显示朱斯缇亚尼的书店坐落何方）上创立了一家印刷工坊。这份生意持续了

[1] 原文为西班牙语。——译者注

7年，从1545年开始到1552年落幕，他以耶路撒冷圣殿为标志，陆陆续续出版了86版质量上佳的图书，这要归功于他招募了几个与波慕伯格共事过的工人，还有"1545年来到威尼斯的法国人威廉·勒贝（Guillaume Le Bé），他是彼时最著名的印刷工人，为朱斯缇亚尼制造了一系列精美的活字"[119]。那些年勒贝还为唯一的犹太印刷商梅耶·帕伦佐提供活字，帕伦佐曾是波慕伯格的校稿人，他以menorà——犹太教7柄烛台为标志，在1545至1549年间出版了各式题材的作品。

现在我们站在这条下坡路的顶端，看着一场争吵点燃了毁灭天地的火焰——开始只是贸易摩擦，后来渐渐演变为学术争论——它发生在朱斯缇亚尼和另一位印刷商阿尔维瑟·布拉加丁（Alvise Bragadin）之间，后者也同样是一位基督徒和贵族（布拉加丁与波慕伯格一样，致力于开发国际市场，并为塞法迪犹太人社区印制了许多袖珍本祷告书）。[120]

布拉加丁出版了迈蒙尼德（Mosè Maimonide）编写的《犹太教法典》，曾游学布拉格的德系拉比梅尔·卡茨涅伦伯根（Meir Katzenellenbogen）为其撰写了评注。几乎是同一时间，朱斯缇亚尼印制了同一版书，当然他的书中没有卡茨涅伦伯根拉比的评注。布拉加丁和卡茨涅伦伯根之间爆发了一场激斗，两人甚至还为此大打出手[121]。前者控告后者抵制《塔木德》的销售，而我们的布拉格拉比也被卷入战斗，他向那时权位最高的克拉科夫拉比摩西·以瑟利斯（Moses Isserles）求援，在暴风骤雨的审讯之后，所有购买过朱斯缇亚尼版本的人都受到了开除教籍的威胁。第一回合布拉加丁取胜，但他的对手开始暗地搞破坏，朱斯缇亚尼想给布拉加丁拟一个出版禁书的罪名然后去向教皇告状，好把他的竞争对手淘汰出局。如果他能预知到这一想法带来的后果——即印刷所的关闭、威尼斯希伯来文印刷业十余年的停滞、威尼斯在印刷领域霸权的终结——那么他就不会轻举妄动了。

在罗马，风向有所变动。佛罗伦萨人里昂十世，美第奇家族的一员，洛伦佐·德·美第奇的儿子，波利齐亚诺的学生，一个学识渊博、文雅讲究的人文学者，米开朗琪罗、拉斐尔、阿里奥斯托、马基雅维利的保护者，凭借对文艺复兴极大的热情守护着希伯来文化的他，在 1521 年撒手人寰。继任宗教裁判所头目的是一位严苛的主教，吉安·彼得·卡拉法（Gian Pietro Carafa），出任教皇后改名为保罗四世。他是教规教条严格又固执的守卫者，仇恨犹太人并终生以去除异端为己任。请他插手两位威尼斯印刷商的争论绝不是什么好主意。朱斯缇亚尼和布拉加丁这样做简直是作茧自缚，“两位印刷商都只想着损害对方来延长自己的营业寿命，却不曾想过他们各自的出版物中都有违背基督教教规的内容”[122]，再加上改宗犹太教徒添油加醋的诋毁，情况就更加不妙。事情向着不可挽回的地步发展：1553

年8月，教皇朱利奥三世颁布禁令，强制上缴和烧毁所有希伯来文书籍；梵蒂冈将明枪暗箭对准了《塔木德》和它的译本，甚至十年之后——事件已经停止发酵，但针对这部作品的限制仍然存在，尽管它已经允许被出版，但封面上不准写上“塔木德”几个字。与此同时，在罗马，宗教裁判所的警察冲进犹太居民家中，把所有搜出来的印刷物都没收并扔到大街上。第一次焚毁《塔木德》和其他犹太书籍的地点在鲜花广场，时间是1553年9月9日，这一天是犹太新年。威尼斯通常情况下会对教皇的命令抗争到底，但这一次被禁止参加宗教活动（将城邦开除教籍）之后也只好噤声。罗马教皇的使节，博洛尼亚人路德维克·贝卡德利（Ludovico Beccadelli，他的工作是接收和执行教皇秘书处的指示），在十月份的十人议会上下令威尼斯的管制书籍也要通通烧光。一个月之后，罗马的火光蔓延到了潟湖区。10月21日，这位使节坦言道：“一瞬间各个印刷坊中的《塔木德》都被揪出，在里亚尔托放的一把火让它们在众人面前变成了灰烬；那些从犹太人家里搜出的‘余孽’，也在今早圣马可广场的火光中与世界告别。”[123] 当火刑的消息传来时，朱斯缇亚尼关门歇业已经快一年了，受到难以承受的迫害和损失，1533年布拉加丁的印刷所也关门大吉，两方都是最后的输家。

直到1563年，威尼斯的希伯来印刷业才重新振兴，这期间有几个小城镇发展成了印刷业的新兴据点：费拉拉、克雷莫纳、曼托瓦和康奈琉斯·阿德拉肯移居的萨比奥内塔附近，还有里瓦德尔加尔达——主教兼政治家克里斯托弗·马德鲁佐（Cristoforo Madruzzo）在此开展希伯来文印刷工作。“尽管他们的成果值得赞誉，但没有一个印刷者产出的成品能与潟湖区的产品相媲美”[124]。

当希伯来印刷业重新在威尼斯出现，我们来到了天主教改革时期，这时所有印刷品——不管是否是希伯来文——都要经过审查处审查：1564年庇护四世允许《塔木德》付印，但是要经过监察官的检验，并且不允许在封面上出现“塔木德”的标题[125]。威尼斯共和国政府修订了极其严苛的条例控制图书的进口，并且增派了信理部[1]（Sant'Uffizio）的官员协助海关人员的工作，监控到岸的货物。像我们之前说的，塞浦路斯战争和勒班陀战役（1571年）期间情况越来越坏。和平重新回到这片土地，与土耳其人中断的贸易也重新恢复，这使得潟湖的天空重新变得明朗耀眼，但辉煌场景已是前尘往事：“16世纪末威尼斯犹太人建立起了一种自主监察机构，每本书籍都需要得到拉比的审批以证明内容没有冒犯犹太教或天主教。”[126]

17世纪对于威尼斯印刷业的许多派别来说都是一段黑暗时期，但希伯来语印刷业除外。它在17世纪依然保持活力，这要

[1] 信理部前身是宗教裁判所，几乎可以看作天主教法庭。——译者注

感谢里昂·达·莫迪那（Leone da Modena），他或许是威尼斯犹太史上最负盛名的人物。《哈加达》（用来传述逾越节规定的犹太文本）在威尼斯并不是新鲜物什，但我们这里要说的是各种版本里的巅峰之作。1609 年三版附缀插图的《哈加达》问世，从语言学的角度来看，其尤为珍贵，“一本是采用希伯来文字并配以第一版拉第尼亚译文的西班牙式，一本是配以意第绪语的德国式，还有一本是采用希伯来文字并配以意大利语译文的意大利式”[127]。这最后一版《哈加达》是完全原汁原味的，因为它用的是一种混杂了威尼斯方言的意大利白话，用希伯来文字讲威尼斯方言当然是不准确的，但这种奇怪的威尼斯 - 希伯来混杂语就这样被出版了好几个世纪。威尼斯共和国印制的《哈加达》为 1892 年出版的里窝那版《哈加达》提供了雏形。里昂·达·莫迪那为 1640 年的版本——48 页书配以 100 多张插图——亲自撰写了简介并至少编写了其中一部分文章。他同时还是《希伯来仪式史》（主要面向异教徒）和《新意大利语 - 希伯来语词典》（主要面向犹太人）的作者。这本词典的来源十分有趣。里昂·达·莫迪那意识到将整本《圣经》从希伯来语翻译至意大利语是一项艰巨而昂贵的工作，并且难以取得出版许可，教会会将它视为眼中钉、肉中刺；另一方面只有有限的学者圈子通晓希伯来文，用这种语言写作的人更是越来越少。因此这位拉比决定编纂词典，为了让看不懂希伯来语或对希伯来语知之甚少的人也能够读懂希伯来《圣经》。这本词典1612年出版了“我们今天将它叫作‘平装本’的版本”[128]，并且广泛流传。

无论如何，整个17世纪希伯来文出版业活在监视之下，这意味着威尼斯不再是犹太移民的落脚点。因此犹太人转而迁至里窝那、阿姆斯特丹和伦敦。最后一本出自威尼斯印刷工坊的希伯来语图书在1810年问世。[129]

第四章

遗失的《古兰经》

夏天的威尼斯仿佛是燃烧的炼狱。1987 年 7 月 2 日是一个酷暑难耐的日子，连空气都炽热得无法呼吸。但此时此刻也有人冒出一身冷汗，因为遗失了半个世纪的《古兰经》正静静躺在她的手中。这本用阿拉伯语印刷的伊斯兰教第一圣书自 16 世纪上半叶之后再也没人见过，有人甚至怀疑它是否真的存在过。几个月之前，在阿拉伯文化研究国际组织的会议上，它被盖章定性为“缺乏确凿史料支撑的传说”。

但事实并非如此，这本书不仅确实存在，而且就在一位意大利年轻女学者安琪拉·诺沃的手中。那时她只有 30 岁，高挑消瘦，棕发褐眼，在意大利最古老、最负盛名的图书馆之一米兰布雷拉图书馆工作。她的研究对象是文艺复兴时期印刷商阿里桑德罗·帕卡尼尼（Alessandro Paganini），此人是个颇为有趣的人物。他生于艺术之家——父亲老帕卡尼尼从托斯科拉诺搬到威尼斯，在加尔达湖的布雷西亚一岸定居，并建起了一家造纸厂。阿里桑德罗有别于其他出版商之处在于他

“有胆有识，敢于创新，发明了24开本的图书，拥有高超的制字技艺”，如今已经是乌迪内大学目录学和图书馆学教师的安琪拉·诺沃如是强调。“借用阿里桑德罗·帕卡尼尼优美的字体”，文艺复兴时期意大利最负盛名的图书之一在威尼斯付印，它就是《黄金分割率》（*De divina proportione*）。此书由卢卡·帕乔利（Luca Pacioli）撰写，莱昂纳多·达·芬奇（Leonardo da Vinci）将书中的奇思妙想绘成插画，其中的“维特鲁威人”成为传世名作（并镌刻在1欧元硬币上）。这位帕卡尼尼还出版了泰奥菲洛·佛伦哥（Teofilo Folengo）的《巴尔杜斯》（*Baldus*），一本拉丁词混杂意大利词写成的诙谐有趣的讽刺诗，1517年它被编成十七段出版，可惜如今并没有得到应有的重视。

我们年轻的女学者诺沃知道这位印刷商寥寥的存世稀本保存在圣米凯莱岛修道院的图书馆中。我想有必要花些笔墨谈谈这个地方，今天人们知道它，多半因为它是威尼斯公墓——在拿破仑时期由圣米凯莱岛和圣克里斯托弗和平岛两岛合并而成——美国诗人艾兹拉·庞德（Ezra Pound）和俄国作曲家伊戈尔·斯特拉文斯基（Igor Stravinsky）皆长眠于此地。但圣米凯莱岛上的本笃会修道院历史悠久，教堂主体用伊斯特拉半岛的石头筑成，通体洁白，是文艺复兴时期建筑师莫罗·柯度西（Mauro Codussi）的杰作之一。

在受到拿破仑政府的残酷压迫之前，老修道院图书馆中存有超过4000卷图书和2300份手稿，其中部分馆藏具有极高的价值，比如著名制图师莫罗·达威尼斯（Mauro da Venezia）修士的作品，他于1459年去世，生前曾在此工作。大部分藏书后来被转移至位于圣马可广场上的圣马可国立图书馆。拿破仑暴政的狂风骤雨过境后，为了墓园的管理，现已空空如也的修道院在1829年被交给了方济各教会；方济各会修士们在短时间内重建了一座新的图书馆。1866年，意大利统一之后不久，新一轮的压迫再次降临，但这次图书馆无伤分毫，因为大家理所应当地认为图书馆里该销毁的东西已经销毁了，剩下的只是为自由反教权的新意大利所鄙夷的“神父们的破书”。

今天教会和修道院再次只剩四壁白墙，修士早已离去，书籍也流落他方，一池湖水将圣米凯莱岛与威尼斯主岛分割，不远处潟湖那头崭新的圣方济各教堂图书馆在2008年的夏天收容了这些珍本。1987年当安琪拉·诺沃到访圣米凯莱时，一位矮小干瘦的老修士已经管理这里好几十年了，简直要成了这座修道院的一尊不动产。这位老修士名为维多利诺·梅奈金（Vittorino Meneghin，1908—1993），他学识渊博，对自己所守护的书籍无所不知。他出生于费内尔（Fener），一座位于阿尔卑斯前陆，皮亚韦河河岸的内陆小城，第一次世界大战时意大利人曾在皮亚韦河上与奥地利人激战（令人心生好奇的是，这座小城还孕育出了另一个姓梅奈金的名人——迪诺·梅奈金，他日后是意大利史上最伟大的篮球运动员，曾在1980年斩获莫斯科奥运会的银牌）。半个世纪前，只要一得空闲，这位老修士就在图书馆目录上添添补补，为修道院珍藏的书籍本册附上旧式卡片。

梅奈金修士还严格控制图书馆不对外开放：他不希望任何人跨过那道门槛。乔治·蒙特奇（Giorgio Montecchi），目录学和图书馆学教师，彼时在威尼斯，如今在米兰，他回忆说："对学者们来说，那是一片极陌生的土地。大家都觉得里面没什么有趣的东西，因为大部分材料已经搬去了圣马可图书馆。"但与此同时，文化遗产部列出的16世纪名作目录上显示，在这些高墙之内保存着安东尼奥·达特里（Antonio da Atri）的避静[1]之作，1514年阿里桑德罗·帕卡尼尼将其出版，如今世上仅存两份。另一份在西班牙的塞维利亚，但蒙特奇无缘得见，因为哥伦比那图书馆正在休馆。不仅是蒙特奇，他的学生安琪拉·诺沃也想一睹此卷，因为她当时正在研究帕卡尼尼。然而摆在他们面前的是一道难以逾越的沟壑：维多利诺·梅奈金神父不想让任何人玷污他的书卷。就像许多传奇故事一样，这时一个偶然的机会，天降救兵，峰回路转：威尼斯大学图书馆中心的主

[1] 避静是天主教传统的一项灵修活动，指每年专门抽出一段时间离开世俗生活，学习自省。——译者注

任安娜·拉瓦利·摩多尼（Anna Ravalli Modoni）在梅奈金神父那里告解，因此，她作为中间人促成了两位学者与图书馆守卫的会面。

这位方济各修士不接受任何来访的原因是他害怕市政管理机构要将他心爱的书籍从他手中夺走。正如前文所说的，他的担心变成了现实，不过并不是所有的修道院典藏都被交出，还有许多精心保护的手稿被悄悄藏起，从未离岛。除此之外，图书馆的一间房间内存放着数以千计的书卷，大约有5000册，有几本是古代书籍，大部分是19世纪上半期的作品，所有的书上都盖着“威尼斯市政府”的印戳。这些书被政府寄放在圣米凯莱岛上，又被迅速地遗忘。或许我们的神父可以稍稍宽心，因为蒙特奇会向他解释说政府完全不清楚这些书身在何处，而且多年之后，产权过期，它们还会重新回到神父手上。

蒙特奇教授在7月2日炎热的早晨要主持一场考试，因此7月1日下午，他和安琪拉·诺沃搭乘巴特罗（向对威尼斯不甚了解的读者解释一下，“巴特罗”是一种水上公共巴士）在圣米凯莱站下船，一同下船的还有一群年迈的女士，她们要前去看望过世的丈夫。当这些威尼斯寡妇继续循着修道院的小路向公墓的各个方向散去时，安琪拉和教授钻进左边的一扇门中，修道院厚厚的墙壁隔绝了热流，两人霎时间浸入一番清凉爽利的天地。他们要找的书就在这里，静静地等待着他们的到来。

刚一接过帕卡尼尼印制的书，年轻的女学者就向教父请求看一眼他50年前亲手敲印的图书馆目录。那时互联网还没有出现，唯一能从书架间辨出书本的方法就是查询馆藏目录，尤其是像这种规模不大的图书馆里。安琪拉·诺沃专心研究书单时，乔治·蒙特奇正与神父攀谈，一方面是想分散一下他的注意力（一想到有人闯入他的爱书之间，这位神父内心就无比煎熬）；另一方面梅奈金神父是一位不折不扣的书籍专家，从他那里能学到不少有趣的知识。安琪拉·诺沃的视线停留在一本叫作《年代未知的阿拉伯语古兰经》（*Alcoranus arabicus sine anno*）的书上并请求教父借来一阅。要去拿这本书就要进入修道院禁地，但诺沃不得入内——因为她是一个女人。因此乔治·蒙特奇伴同维多利诺神父一起去取书。图书馆位于修道院的二层。一间房间用来存放世俗书籍，神父担心它们随时会被收走，还有另一件房间用来存放更加古老而珍贵的书册。从一张老照片中我们能大致还原它的模样，一个不太大的厅堂，掩在书卷画作之下，两扇窗户缀在另一边的墙上。斜面书架置于房间中央，《古兰经》就静候在这第二间房间的某排书架上。辨认出一本16世纪的图书对专业教师来说不是难事，而他们要找的书正在这一范畴之中。“我记得从房间的窗户望过去能看到墓园，而我向着那本书走去，好似迎接它的新生。”蒙特奇回忆道。他跟着神父下楼，当看到他等在接待室的学生时，向她做了一个胜利的手势。

现在这本书落到了安琪拉·诺沃手中。她打开书，细细观察，琢磨每一个曾拥有过它的人的名姓，恍然之间她明白了什么。“尽管屋外骄阳似火，气温高达30多摄氏度，我却感到一阵寒意流窜全身。”她转向教授并向他确认道：“就是这本。”蒙特奇还秉持着一点学术上的怀疑问道：“你确定？”但她斩钉截铁地回答道：“我确定。”

虽然我们对这本遗失的《古兰经》知之甚少，但有一件事可以确定，那就是一位文艺复兴时期研究东方语言的学者曾是它的主人，这位学者名叫泰西奥·安布罗卓·德依·阿博涅西（Teseo Ambrogio degli Albonesi，1469—1540），生于帕维亚。在圣米凯莱修道院保存的一本《阿拉伯语古兰经》（*Alcoranus arabicus*）的封面上还有他的签名。“阿博涅西的图书馆位于帕维亚，馆内保存的其他书籍我也有些了解，他去世之后这些书就散落四处了。”诺沃说道，“签名字迹也是一模一样。确认他曾拥有这本《古兰经》帮我们整理出了这本书的时间线，因为阿博涅西是在1540年过世的。”《古兰经》大概就是在他逝世前的这几年间印制的（印刷时间也不会是在1538年之后，因为这一年阿里桑德罗·帕卡尼尼停止了印刷工作，至于原因我们下面会讲到）。

“这本书是她发现的，我只是跟神父闲聊了几句，是她把这本书从一堆名录中挑了出来。每一个发现都需要一双慧眼，而她就是这双慧眼的主人。”今天，乔治·蒙特奇还是如此谦逊地说道。彼时这位容光焕发的女伯乐把她的发现宣布给梅奈金神父（他有些开心，但更多的是震惊，这个可怜人，我们得理解他此时此刻的反应：他已经守护了这本书50多年，却从未发现这本书后的真相），后者迅速召集了修道院的各位神父，大家挤作一堆欣赏这卷珍品。“这卷《古兰经》有好多父亲和一个母亲。”回忆起往事，安琪拉·诺沃如此评价道（不过回过神来的神父们心里很不是滋味，一个从外面跑来的女孩子踏过他们修道院门槛的第一天，就发现了一本他们从未察觉到的珍宝）。当天晚上为了庆祝这个重大发现，蒙特奇教授邀请他的爱徒去威尼斯的一家餐厅共赴晚宴。“那真是一个绝妙的夜晚。”蒙特奇回想起那时他还碰见了一个同事，这位同事后来还问起他：“那天晚上你和那个女孩子在街上兴高采烈的是要干吗？”

这本《古兰经》后来又从阿博涅西那里辗转到了曼卡苏洛·德·阿苏罗（Mancasula de Asula）手中，他是克雷莫纳（Cremona）的天主教信理部的负责人（十分凑巧的是安琪拉·诺沃也是克雷莫纳人），因此也是科莫的总裁判长。这本书的发行并没有受到宗教裁判所的阻挠，因为没人将它视为一本禁书：除了懂阿拉伯语的人，谁也看不懂它。除此之外，在天主教改革的最初阶段，宗教裁判所秉持的态度还是比较宽容的，不像后来那么严苛。

之后的故事我们已经知道了：这卷书湮没在历史的暗流里，直到一位年轻的女学者将它重新带到阳光下。“这是一本被认为消失了几个世纪的书，最复杂的猜测围绕在它身边，谜团般的——并不愉快的——传说重压在它身上：它就是在威尼斯出版印刷的阿拉伯语《古兰经》；古目录学待解的谜题之一，联结东西方世界的纽带，今天它以完好的姿态在四百五十年前的诞生之地重现于世。”安琪拉·诺沃撰文向世界宣告，遗失已久的《古兰经》终于被重新找回。[130]

“参与《古兰经》印制的人不会有很多。”诺沃教授推测道，“当书被找回时，我们也知道有哪些人曾经看过这本书，其中最重要的便是说过‘阿拉伯语《古兰经》在威尼斯诞生’的阿博涅西。”那段时间阿博涅西对中东语言的兴趣盎然：他通晓希伯来语、古叙利亚语、阿拉伯语、亚美尼亚语和埃塞俄比亚语。他曾出版过一本介绍各种东方语言的《习语简介》（*introductio*），其中有些是真实的，另一些则不太可靠，像“恶魔之语”这样的篇章就让人哑然失笑，不知道他是从何处听来，也不知道他是否真的听过。因此，当《古兰经》出版时阿博涅西或许身在威尼斯（那时威尼斯是一扇通向东方世界的大门，对沉醉于东方文化的人来说无疑是朝圣之地），他设法弄到了一本并把它带回了帕维亚。鉴于没有任何东方学家谈到其他余本，我们可以推测这大概是意大利，也是整个欧洲幸存的唯一一本初版阿拉伯语《古兰经》。

就像我们说过的，根据记载，这本书最后一次出现是在克雷莫纳，之后它便踪影全无。至于它缘何消失，我们等一会儿再来了解，现在让我们回溯一下它是如何重见天日的。这本《古兰经》沿着某条我们不知道的道路到达切内达（Cèneda）——意大利统一之后改名为维托廖韦内托（Vittorio Veneto）。这里是莫扎特歌剧剧本的作者、犹太人伊曼纽·科内利亚诺（Emanuele Conegliano）的故乡——他更为人所知的是受洗后的名字洛伦佐·达·彭特（Lorenzo Da Ponte）——这里还有一座内部采用木质结构的犹太教堂，如今保存在耶路撒冷博物馆中。我们的《古兰经》就在这里，我们不知道它在这里停留了多久，但我们知道它所在的修道院遭受了无情的压迫。修士们想着至少要把最珍贵的几版书藏起来，“给书架通通风”——他们如此说道——其实就是把书架上的书搬空，挪到警察不会去的地方（他们是这样宣称的，也就是说他们知道警察什么时候会来，会去哪些地方）。最终，馆内藏书移到主教神学院暂存，并没有上缴政府，条件是将来这些书都要运送到重新开放的方济各教会。当位卑权低的小神父们被命令去看守墓园时，《古兰经》伴同着好些书本一起被送到了圣米凯莱岛。

没有人知道为什么这本书被存放在一个书目清晰的图书馆却无人发觉它的真正价值，或许真相很简单：没有人能读懂它。“五个世纪里，见过它的人都没有意识到它的真实身份，许多接手它的人也从未想过把它销毁。”诺沃在回顾历史时如此说道，毕竟在那个时期火刑不是什么稀罕事。

帕卡尼尼版的《古兰经》完全用阿拉伯文写成，没有注明日期，没有注明印刷地，也没有出现任何拉丁文，不过阿博涅西的几处译注除外，是这些译注帮我们鉴别出它的真容。当时整个欧洲懂阿拉伯语的学者只有十几个，也许正是因为如此，这本书才一直不太受到重视，人们可能以为它只是一本《一千零一夜》。无知通常会毁灭一些东西，但有些时候它也可能拯救一些东西。只有拥有独到的观察力的人，才能在混沌之中拣出宝藏：安琪拉·诺沃可以，别人不行。事实就是这样。但伟大的发现总需要一点巧合，一点幸运，这就是成功之道：你想要去找A，却半路跳出来一个B，而B就是价值连城的稀世珍宝。

找到世界上的第一本印刷版《古兰经》让安琪拉·诺沃一举成名，目录学界将她同发掘了古埃及法老图坦卡蒙陵墓的考古先驱霍华德·卡特（Howard Carter）和卡那封伯爵（Carnarvon）相提并论，其地位可见一斑。“我意识到这个发现改变了我的人生轨迹，我原本是一个图书管理员，但却选择了做研究这条道路，这个选择让我重新审视了自己的职业。毕竟在今天很少能有这么轰动的发现。”感谢那年7月第一个炎热的午后，让这位年轻的女学者成为一名蜚声国际的大学教员。

安琪拉·诺沃始终秉持冷静的态度继续钻研学问，回应外界对一个学者在学术上的期待。“我仔细看过了这本《古兰经》并做了一些笔记：有必要立刻写篇文章记录下来。”这本书还缺少一张履历表，我们需要追根溯源调查它的身世。“这本书所有的特征都表明它诞生于16世纪前期，即使撇开阿博涅西不谈，我们也不会认为它是17世纪或18世纪的产物。”

年轻的女学者回到米兰后不久又折返威尼斯仔细分析“她的”《古兰经》。她为这本书拍了照片，因为光是讲述是不够的，还要把照片公开，拿出确凿的证据。但这样做是很危险的，一旦消息传出去，就有小人从真正的发现者那里窃取成果。“我立刻打电话给专业杂志《爱书族》的主编路易吉·巴勒萨摩（Luigi Balsamo），让他在九月号里留几页位置刊登这项重大发现的进展。”蒙特奇说道。

这时还有一件事需要担心，那就是如何守卫这本书。“在没人知道它是什么的时候，这本书毫无价值，一旦将它公之于世，这本书就变成了价值连城的宝贝。”蒙特奇又说道。

散播《古兰经》寻回的消息，等同于将学术圈的熊熊妒火招引上身。恶言恶语都向安琪拉·诺沃扑来，对她来说这段往事不堪回首；乔治·蒙特奇愤愤不平道：“学术世界充满了男权主义的恶臭。”诺沃教授更愿意感念那些曾鼓励过她的朋友，比如当时意大利最知名的阿拉伯语学者弗朗西斯科·加百列（Francesco Gabrieli，他还是位于罗马的意大利猞猁之眼国家科学院的主席），曾写信给她以示支持。还有已经过世的乔治·维切林（Giorgio Vercellin），他是威尼斯的一名阿富汗语言文学教师，这本《古兰经》他已经追寻了许多年，他也是第一个直言想要找到这本书必须结合阿拉伯语知识和图书馆学知识的人。维切林当时没有一个学生，因为阿富汗正在苏联军队的统治之下，没有人愿意冒风险学习它的语言和文学，因此他调转方向，将找回遗失的《古兰经》看成是毕生追求。

诺沃的发现在目录学领域产生了极大反响，在阿拉伯语学界同样如此，奇怪的是，海外反应热烈，意大利国内却无动于衷。安琪拉·诺沃前往位于巴黎的阿拉伯文化中心，不久之后还收到了时任法国总统的弗朗索瓦·密特朗（François Mitterrand）的接见。几个月之内，她接受邀请游遍各地的阿拉伯语研究机构，各种发言都会提到她的名字。然而意大利的媒体并没有给予足够的关注，尽管这是一项举国荣耀的发现：第一本印刷版《古兰经》在意大利出版，在意大利保存，在意大利被一个意大利学者寻回。如果这件事发生在其他国家，必然是鲜花礼炮欢庆连天，然而在意大利，只有两份报刊刊登了这则消息：

一份是专注各宗教间互相交流的宗教周报《基督教家庭》，1988年的6月号上只言片语带过了这次发现；另一份是《日报》，1989年3月3日，发现《古兰经》将近两年之后，在这份报纸的文化版面，阿拉伯语学教师赛尔乔·诺亚（Sergio Noja）撰文强调："第一本阿拉伯语《古兰经》的发现应当被视作一项荣光无限的事业。"[131]

"西方学界并没有对这本书展现出很大的兴趣。"乔治·蒙特奇确认道，"《古兰经》的发现还只是停留在宗教问题的高度上，并没有像古登堡《圣经》或者阿尔多·马努齐奥出版的书籍那样引起普遍关注。第一本印刷版《古兰经》在威尼斯诞生的事实几乎没人知道，也无人知晓这本书意味着威尼斯印刷业到达了之前从未企及的高度。"

从那一刻起，第一版《古兰经》成为学者间讨论的热门话题，各大展览、会议报告中都少不了它的身影；2008年英国BBC广播电台专门组成了一支摄制组来拍摄它的纪录片。它的名号在伊斯兰国家就更加响亮了。在突尼斯，安琪拉·诺沃的文章被翻译成阿拉伯语出版，阿加汗基金会和一所沙特阿拉伯的大学也多次与她沟通，可惜有时这些沟通并没有什么结果。"在伊斯兰世界，一项女性主导的学术发现是上不得台面的。"诺沃教授总结道。偶尔也有人为了一睹《古兰经》真容，不惜千里迢迢从阿拉伯国家飞抵意大利。在圣方济各教堂图书馆的来访登记表上，我们能看到最近的签名来自一位阿曼的酋长，时间再早一些还有一位沙特阿拉伯的皇室成员。

今天初版《古兰经》的守护者是里诺·斯嘉博萨（Rino Sgarbossa）神父。如前文所述，这本书在2008年离开了圣米凯莱修道院，来到崭新的圣方济各教堂图书馆。除了这本《古兰经》，图书馆还守护着另一本名书：第三版（1525年）希伯来《圣经》手册，也就是没有注释的版本。一个基督教修道院珍藏着伊斯兰教和犹太教的宝贝，然而三个教派在地理位置上相距千里，几个世纪之前它们唯一能够相遇却不必经历血光之灾的地方就是威尼斯。不能说这只是单纯的巧合。

在一座遍地都是重要教堂的城市里，圣方济各教堂是重中之重：它由桑索维诺（Sansovino）设计主貌，安德烈亚·帕拉迪奥（Andrea Palladio）建造外墙，教堂之内还有一副乔瓦尼·贝利尼（Giovanni Bellini）绘制的《圣谈》（*Sacra conversazione*）。但同时远离传统旅游线路也让它少有访客。图书馆毗邻修道院，如今它们都已被重新修缮，焕然一新。从二楼的窗户向外望，能看到修道院的菜园、葡萄园、潟湖还有圣米凯莱岛的围墙。《古兰经》涉水而来的路途并不太长。威尼斯主岛上的葡萄园就像初版书籍一样稀罕。威尼斯救主堂的神父们倒是有一片葡萄园，只是他们的教堂远在朱代卡岛。从名字上就能看出，圣方济各教堂拥有一大片葡萄园[1]，奇怪的是这片葡萄园一直存留到今天，从未有人砍掉葡萄树，在这块土地上建别的东西（常常有人为了留出空地在附近建造煤气鼓而砍去树木）。如读者所见，刀下留树可谓是巧中之巧了。神父们对这片葡萄园十分满意，一年之中能有几个月喝上自产的威尼斯葡萄酒，可是一项鲜有的特权。

里诺神父是一名现代方济各修士，他依照教规穿拖鞋，但他的拖鞋是带魔术贴的沙滩凉拖；他一席黑衣，但穿的却是polo衫和两侧缀口袋的短裤。但凡有访客到来，都是由他去书架上取出《古兰经》交给客人。它被安放在一只厚纸壳做成的盒子里，保护它不受光线和灰尘侵害（当《古兰经》还是圣米凯莱岛上一本寂寂无名的小书时，它被潦草地夹在其他书本中间，立在书架上）。这本书不大，差不多A4纸大小，采用大约是18世纪的光滑羊皮纸简单装订。阿里桑德罗·帕卡尼尼为了保证规格统一，重新裁剪了每页纸张，缩小书体框架让俏丽的袖珍画与之和谐相映。书名《年代未知的阿拉伯语古兰经》用拉丁语写在书脊上。“稀有—AV.22”是它的编号。翻开书，我们能看到有人用铅笔轻轻写下的痕迹，书的总页数是464页。

[1] 圣方济各教堂原名为San Francesco della vigna，直译为葡萄园中的圣方济各。——译者注

"这是一本绝美之书。"安琪拉·诺沃说道。事实上，只要看过一眼就能确认它的美丽：纸张厚实，笔墨无洇，字行笔直。它的保存状况也堪称完美，只有页边略微受潮，页面还是清清爽爽：没有记号，没有脏污，就好像几天前刚刚从印刷机上取出来似的。偶尔遇到几处褐色的墨迹，是泰西奥·德依·阿博涅西写的标注，对他来说，这本书犹如无价之宝。一位文艺复兴时期的青年不经意间拯救了一本同时代的宝书，这本书证明各个宗教之间，只要他们愿意，可以好好沟通而不是相互仇视。

这本威尼斯出品的伊斯兰圣书的故事终究还是绕回到一场失败的商业尝试上，这次尝试看似荒唐，但实际上却隐藏着巨大的潜力。正如安琪拉·诺沃确认的，保存在圣方济各教堂的《古兰经》是遗失版本里的唯一一本幸存者，或者是一本未曾出版图书的珍贵草稿。埃及人穆罕默德·萨勒姆·艾什肯（Mahmoud Salem Elsheikh）——如今是佛罗伦萨的一名阿拉伯语学教师——也这样想，只不过他的意见略有不同，他认为这位威尼斯出版商决心印制《古兰经》并将它们销售到奥斯曼土地上。如果这笔生意做成了，他就能坐收万贯钱财，然而这笔生意日渐败落，最终破产：自1538年起，也就是《古兰经》出版的那一年，阿里桑德罗·帕卡尼尼就停止了印刷工作。这里我们不妨借用安琪拉·诺沃委婉的说辞："阿拉伯语《古兰经》的历史就是整个威尼斯印刷业的历史，那位天才的印刷者，使出浑身解数挣脱竞争的激流，他认为此番构想背后有数目众多、信仰深沉的潜在读者支撑，且只有在地理位置优越、历史源远流长的威尼斯才能成就这项事业。”[132]然而帕卡尼尼的美好蓝图犹如一块巨石沉入水中，只来得及发出一声闷响，以至于他的同行——不论是在威尼斯还是在别的地方——见此情形后再也没想过要出版《古兰经》；在帕卡尼尼留下的书信中也不见他对这整件事有所提及；直到几十年之后，16世纪末，位于佛罗伦萨的美第奇家族印刷厂重新推出了阿拉伯语印刷品，但这回情况大有不同，他们的产品直接由教会资助出版。实际上他们印制的是《福音书》这一类，然后卖给说阿拉伯语的基督徒。

关于中东是一块待开发的处女市场的想法，时不时在另一个威尼斯人脑海中盘旋，他就是德摩柯利多·泰拉齐纳（Democrito Terracina）。1498 年他申请为期 25 年的“阿拉伯语、叙利亚语、亚美尼亚语、印地语和蛮语”[133]作品印刷特许权。但他并没有将想法付诸行动，最终什么也没有印制；他的下一代延长了特许权的期限，然而它还是没有派上用场。1538 年特权期满，这一年我们的《古兰经》刚好出版，真是好巧。威尼斯的印刷工人们早已习惯了和奇形怪状的字母打交道，1515 年乔治·卢斯科尼（Giorgio Rusconi）出版了一本西里尔文弥撒书，目标客户是拉古萨——现称杜布罗夫尼克（它其实是一座天主教城市）——附近的东正教信徒。乔治的女儿达莉亚嫁给了阿里桑德罗·帕卡尼尼，或许她的嫁妆还包括了高超的印刷技艺，帮助她的丈夫完成许多困难的工作。但出版西里尔文书籍——或亚美尼亚文、格拉哥利文、希腊文——跟出版阿拉伯文书籍比起来都是小巫见大巫。“印刷阿拉伯文字的难度远在印刷西里尔文字之上，因为阿拉伯文在书写时有天然的倾斜度。字母排列位置的不同会赋予单词不同的形态，这让阿拉伯字母的组合工作困难重重”。[134]

1486 年在美茵茨由伯恩哈德·冯·布莱登巴赫（Bernhard von Breidenbach）印刷的《圣地朝圣》（*Peregrinatio in terram sanctam*）和 1499 年阿尔多·马努齐奥印刷的《寻爱绮梦》中出现了头几个阿拉伯语单词。但这些单词均出现在木版画上，并不是用活字印制的。第一本付印的阿拉伯语书籍诞生于几年之后的 1514 年，名字叫作《萨瓦齐祈祷之书》（*kitab salat al-sawa'i*）或称《简明时祷书》（*Horologium breve*），这是一部面向中东地区基督教徒的圣书。它出版于马尔凯大区的法诺，也就是在教皇国领土之上，这样做也许是为了避免在特拉西那引起特许权纠纷，怕版权所有者阻止印刷商在威尼斯共和国境内使用这种字体。印制《简明时祷书》的是马尔凯人格里高利奥·德·格里高利（Gregorio de'Gregori），他还有一位身在威尼斯的合作伙伴，那就是帕卡尼诺·帕卡尼尼（Paganino Paganini）。

很明显，帕卡尼尼的印刷工厂已经有足够的技术资本支撑《古兰经》的印制工作。“这个莽撞冒失的企划在今天依然有深远的影响力。它隐隐透出企划者商业气息十足而惯于挑战荒诞的心理”[135]。还有一点要补充的是，我们前文提到过，帕卡尼尼家族供应原材料，因为他们“生产和售卖纸张，那是加尔达湖畔托斯科拉诺地区最珍贵的纸张，这种纸在阿拉伯—土耳其市场上供不应求，因此他们有能力同时做起印刷品和白纸的生意，且无需额外费用”[136]。

投入的资金数目必然是庞大的：刻印活字的工作要持续数年，还要雇用至少一个排字工人和一个阿拉伯文草稿校对工，当然威尼斯不缺这种人才。除此之外，前文明确提到过，这本书质量上乘，印刷用的是极其珍贵的纸张和雕刻精巧的活字。高昂的投资让艾什肯不由猜测这版《古兰经》背后存在一个我们还不知道其姓名的买家。不管怎样，232 张印满阿拉伯文的纸张从阿里桑德罗·帕卡尼尼印刷厂辗转到达它第一位主人的手中，这人就是阿博涅西。他很可能是出于研究目的购买《古兰经》；我们猜测他是在威尼斯旅行途中设法弄到了这本书——或者他一听说有人印制这本书就立刻差人寄来；可以肯定的是，他一度拥有整个欧洲独一无二的绝版书。也有可能在某些伊斯兰国家的图书馆内还有幸存的版本，只不过现在的研究还没能将它找出。总之要感谢阿博涅西，我们才有幸甄别这本《古兰经》并推算出它的日期。他想必也会同意我们将阿里桑德罗·帕卡尼尼锁定为出版者，这里请各位读者听我解释，不久之后纪尧姆·波斯特（Guillaume Postel）有意代表巴黎出版商购买帕卡尼尼的活字来印制这本书，但这件事情最终因为活字丢失而不了了之。1568 年 3 月 4 日，波斯特在一封写给佛兰芒东方学家安德莱亚·马埃斯（Andrea Maes）的信中指明了《古兰经》的印刷时间和地点：三十年前的威尼斯。安琪拉·诺沃确定这本书诞生于 1537 年 8 月 9 日到 1538 年 8 月 9 日之间。1538 年也是帕卡尼诺·帕卡尼尼去世的那一年，同年他的儿子阿里桑德罗也终止了印刷事业。

《古兰经》后来的遭遇仍旧是一个谜团，我们只能对此进行一些推测。“这版书在 17 世纪销声匿迹，无论是新的还是旧的书单上都没有记载它的名字”[137]。在德国，有一条未经证实的消息称，17 世纪后半叶这版书连同活字一起乘船驶向君士坦丁堡的码头。事实上，印刷商前往未经开垦的市场寻找机遇是一项惯例，在这座陌生的城市，他们通常先是巴结权贵，赠送奇书异册，展示已经出版过的书籍，证明自己有实力将其大量付印。在这场利益交换中，印刷商能在这座城市立足，并获得印刷特许权，而高居贵座的人既能凭此提升城邦形象，又将钱财收入囊中。有可能帕卡尼尼也有意效仿同行们的做法，只不过别人都是在意大利各个小城开展活动，他则希望将这项事业做大。但他的如意算盘落空了。这份生意一败涂地，无可挽回：根据后来从德国传出的消息，苏丹将这部书视为魔鬼之书，认为它是异教徒亵渎神灵的证据，因此他命令商船卸下所有的书本和活字，把它们沉进深不见底的海水中。

这则消息是真是假不能肯定，但保存在圣方济各图书馆的《古兰经》确实是这项未竟事业的唯一幸存者，随着阿里桑德罗·帕卡尼尼退出威尼斯出版业的舞台，这部书也消失得无影无踪。1620 年托马斯·凡·埃尔佩（Thomas Erpenius，荷兰东方学家）在其著作《阿拉伯语课》（*rudimenta linguae arabicae*）中写道，阿拉伯语《古兰经》大约在 1530 年于威尼斯出版，但这一版次均遭烧毁[138]。在天主教改革正盛的时期，焚书屡见不鲜，猜测是新教徒一把圣火烧了《古兰经》也没什么奇怪的。但这个说法并不成立：从信理部负责人的所作所为就能看出这种猜测完全是无稽之谈，且教会没有理由惧怕一本没人看得懂的书。"即使是现代的书籍史学家也不认为阿拉伯语《古兰经》毁于教会之手，考虑到 1547 年在威尼斯安德莱亚·阿里瓦贝内（Andrea Arrivabene）出版过一部白话文《古兰经》，也没见哪位神父要将它销毁（尽管所有人都能读懂它），直到今天还有很多本流传在世。"[139] 这部书"在欧洲和黎凡特地区[1] 能找到不少

[1] 泛指东地中海地区。——译者注

本，算不上是边缘书籍”[140]。再者说，1543年在巴塞尔还出现了一版拉丁语《古兰经》。

然而始终有人对传言坚信不疑，1692年，出生于德国图林根州格罗伊森市的历史学家威廉·昂斯·腾泽（Wilhelm Ernst Tentzel）继承了“教会焚书”说，坚称上帝不允许阿拉伯语《古兰经》的出版，倘若有人还敢接着出版，他就会英年早逝（这种说法是以老帕卡尼尼为例，尽管他不是当场暴毙，但还是在出版此书后不久逝世）。谎言重复多次就会变成真理：新教徒坚持说《古兰经》是焚于圣火中的罪书，就连天主教徒最后也认同了这个说法。19世纪初期的帕尔马学者乔瓦尼·贝尔南多·德罗西（Giovanni Bernando De Rossi）和19世纪末苏格兰史学家霍雷肖·布朗（著有《1530年帕卡尼尼版阿拉伯语古兰经》）[141]都是“教会焚书说”的忠实信徒，不过后来这种说法渐渐平息，直到1941年建筑学家兼东方学家的雨果·莫奈·德维拉德（Ugo Monneret de Villard）首次辟谣称“‘教会焚书说’缺乏史料支撑，因此是站不住脚跟的”[142]。《古兰经》既幸运又不幸地被发现的三年前，阿拉伯文印刷专家杰弗里·罗博（Geoffrey Roper）曾说过“诞生于威尼斯的神秘《古兰经》没有存世的余本”[143]，如前文所说，还有人干脆否认了这版《古兰经》的存在。

好了，现在我们说回帕卡尼尼和《古兰经》。很明显，帕卡尼尼印制这本书是出于商业目的，与文化交流无关，他满心想着把这本书出口到“仍旧不具备印刷条件的伊斯兰世界”[144]。如果他是想把书卖给数量稀少的欧洲东方学家，那么他应该印刷多语版本，这才符合常理。然而他的书中没有一个字不是阿拉伯语，这就把这本书与同时期的其他阿拉伯文图书区分开来，那些书“仍然是在欧洲和天主教市场上兜售，并且没有任何出口到阿拉伯语地区的意图，更不要说是卖给欧洲的穆斯林客户了”[145]。

“总之《古兰经》并没有消失，它只是不曾在欧洲大陆流传罢了”[146]。又或者，根据艾什肯的理解，这版书从未付印，我们手中拿到的只是它的草稿。2007年逝世的伊斯兰学者乔治·维切林似乎也倾向于“遗失之书”的说法，并将它定义为“绝美之书，无人知晓为何同版印刷的其他书都消失不见，只有它奇迹般独活”[147]。可怜那时的帕卡尼尼家族还不知道他们的贸易事业将以早夭的方式画上休止符，最终惨淡收场：《古兰经》和抄写员是不可分割的。伊斯兰教圣书应由穆斯林学者亲自誊抄，但抄写过程中有可能出错。“出现一处错误就有砍头的危险。”艾什肯确信道。帕卡尼尼版《古兰经》的纸页确实留有大片空余用以手工装饰，但“伊斯兰信徒直到18世纪仍然对印刷品保有极大的敌意，对阿拉伯人来说抄写本是文艺作品传播的媒介，也是艺术层面和精神层面的审美需求”[148]。活字印刷抹杀了“手写文字和谐美妙的流动感”[149]，而这种流动感是宗教艺术的一种表现：对于穆斯林来说，古典阿拉伯语是真主的语言。

在伊斯兰世界，阿拉伯文字第一次付印是在 1706 年。“但发起这次技术革新的是一位非穆斯林，他要印刷的也是非伊斯兰书籍。身在阿勒颇（Aleppo）的安提约基亚牧首亚他那修三世（Athanasius III Dabbas）在叙利亚城市采用印刷术印制天主教圣书”[150]。直到十几年之后，1727 年，奥斯曼帝国苏丹艾哈迈德三世（Ahmed III）应允了阿拉伯文的印刷，但宗教书文还是明令禁止付印的。语法书、历史书和地理书接连面世：亚伯拉罕·穆特菲利卡（Ibrahim Muteferrika）在君士坦丁堡出版了一部总共两卷的阿拉伯语 - 土耳其语字典。

帕卡尼尼版《古兰经》被穆斯林视为眼中钉的另一个原因是比比皆是的错别字。我们前面已经看到了，一处小小的纰漏就能将抄写员送上断头台，更何况这卷书里没有一页是完全印刷正确的。“阿拉伯语中同类的词语形态被完全混淆，排字工人对阿拉伯字母没有一丁点儿了解”。排字工人若能对照原本复刻阿拉伯文字，不至于像这样错漏百出。

安琪拉·诺沃认为，高昂的技术投资没有得到相应的精细文本，一些读过《古兰经》的阿拉伯语专家认为这本书中的错误都是讲阿拉伯语的犹太人会犯的典型错误。因此，帕卡尼尼雇用的排字工和草稿校对工可能来自那个时期风头正盛的希伯来语印刷界，而不是威尼斯随处可见、活动频繁的穆斯林。艾什肯不赞同这个观点：“这件事根本用不着推测。在威尼斯的阿拉伯人想要多少就有多少，《古兰经》的精致手稿满城遍是。”但结果呢？1538 年出版的《古兰经》不只出现了拼写上的错误（比如本来有三个点的字母写成了两个点），还有一些错漏含有十足的渎神意味，比如遗漏了真主的名字。“当然了，抄写员和作者全程缺席，”安琪拉·诺沃确认道，“不像阿尔多·马努齐奥身边的希腊人一样，他们只能随机应变。”

穆罕默德·萨勒姆·艾什肯之所以认为这本保存在威尼斯的《古兰经》只是手稿，并非幸存的出版物，是因为这本书相同的两页中只有一页出现了错误。容我解释得更清楚一些。无论是哪版《古兰经》，打开之后都是一样的：第一页是扉页，从第二页开始是被我们称为《黄牛章》的四节；之后还有 114 章，但阿博涅西将这本书统共算作 115 章。并不是因为多出了一章，单纯只是最后一页重复了第二章的内容，也就是《黄牛章》(总的来说就是威尼斯版《古兰经》多出了一页)。第一篇《黄牛章》里有一处错误在第二篇立即改正了，而第二篇还出现了一处第一篇里没有的错误。艾什肯认为，出现这种情况很有可能是因为帕卡尼尼为了校正错漏重新印刷了相同的纸页。“很明显有人曾做过这种尝试，但除此之外的其他事情就是未解之谜了。”这位埃及教师如是说道，“也许订货人反悔，也许顾问离职搁置了手稿，也许资金短缺，这些我们都不得而知，但有一点我们可以确认，那就是草稿中连篇的错误导致这本书的印制被叫停了。”围绕着活字也有一系列待解的谜团：谁雕刻了它们？谁铸造了它们？制作它们的目的是什么？1516 年奥古斯汀 · 朱斯缇亚尼（Agostino Giustiniani）在热那亚印制了《赞美诗》(*Salterio*)[1]，这是一本用 5 种不同语言（阿拉伯语、希伯来语、拉丁语、希腊语和阿拉米语）写成的多语《圣经》，不知道印制《古兰经》的阿拉伯文活字是否借自这本书。唯一可以确定的是，之后的几十年，没有人再在威尼斯使用阿拉伯文活字了。“1538 年印刷的《古兰经》从语文学角度来看是一本无价之宝。剩下的就是单纯的商业行为。从宗教角度来看，这本书价值寥寥。”艾什肯解释道。

总之，不论是《古兰经》的发现者掌握真理，还是阿拉伯语教授的说法更胜一筹，事实就是帕克尼尼父子迈出了别人都不敢轻易迈出的一步。这项事业的失败遏制了威尼斯印刷业的贸易扩张，这条征服了英德、延伸至巴尔干半岛的商路，止于奥斯曼帝国和伊斯兰世界的边境线上。“这项事业的悲剧结局标志着威尼斯共和国的印刷业无法在中东地区进一步扩张，也正是在这几年间，它失去了国际市场上高端书籍的制霸权”151。

[1] 选自《圣经》中的诗篇。——译者注

第五章

亚美尼亚语与希腊语书籍

我们唯一知道的就是有一个叫作雅各布（Yakob）的人在1512年印制了世界上第一本亚美尼亚语书籍。这可不是一笔小功劳，毕竟直到126年之后的1638年，东方的第一本亚美尼亚语书籍才迟迟出现，这本书印制于波斯伊斯法罕郊区一个叫作新朱利法（Nuova Culfa）的小城。二百六十年之后，也就是1772年，在现今的亚美尼亚境内终于诞生了一本亚美尼亚语的书籍，它印制于埃奇米阿津（Edjmiatzin），亚美尼亚宗主教所在地，当时的宗主教是西蒙·叶勒望奇（Simeone Yerevantzi）。

其他事情我们就一无所知了。就连雅各布的姓氏也有待商榷，书上印的“麦拉帕特（Melapart）”，既有可能指的是家族姓氏，也有可能是一个形容词，意为“罪人”。因此这句话也可以理解为：我，雅各布，罪人，出版了此书。除此之外还有一堆谜团，比如：雅各布何时到达威尼斯，到威尼斯之后在这里做了什么，他住在哪里，他的印刷工坊在哪里，他用来印刷的活字是从哪里来的，书上模糊的字母缩写“DIZA”是什么意思——至少第一个字母“D”的含义我们还毫无头绪，后面的字母“ZA”可能是“著名雕刻师和印刷商祖安·安德莱亚（Zuan Andrea）的姓名首字母”[152]，“I”指的是“Iacobus”，也就是拉丁文的“雅各布”。

雅各布的下落也是一个未解之谜，在出版了5本书之后，他“谜一般地遁入虚空，不知所终”[153]。1514年雅各布出版了他的最后一本书，之后1565年阿布格·迪普（Abgar Dpir）印刷了万年历，了解一下发生在这两本书之间的故事也是别有奇趣。在一个亚美尼亚人数量众多的城市中，有可能五十年来都没有印过一本亚美尼亚语书籍吗？可能是可能，但是可能性不大，“尤其考虑到威尼斯印刷业这时正处于黄金时期”[154]。更可信的说法是，这段时期的出版物都不幸遗失了，或者它们正躺在哪个图书馆里等待着重见天日的那一天。另一方面，雅各布的第一部作品《周五之书》（*Urbat'agirk'*）直到1889年才被发现，发现者是梅吉塔[1]神父葛文·亚立珊（Ghevond Alisan），一位亚美尼亚-威尼托人，亚美尼亚文化史上最著名的人物之一。他认为这本书是第一本出版的亚美尼亚文图书，不过这个想法后来被证实是不准确的，在它之前还有两本含有亚美尼亚

[1] 天主教派分支，亚美尼亚本笃会。——译者注

文字的图书已经面世[1]。

可以确定的是，雅各布的书在那个时代大受欢迎。如果不是这样，围绕这本书的传奇故事也不会如此之多。它不是正统宗教经书，而是编者收录的一系列“用来驱除疾病祸患的祈祷文和咒文”[155]。因此，沿着达尔马提亚海岸航行的商队人手一本，随身携带。亚得里亚东海岸缀满海湾和岛屿，它既是来往商船遭遇暴风雨时的庇身之所，又是海盗们的安乐窝。勇敢的亚美尼亚商人在伊兹密尔将一大捆珍贵的原始丝绸和染料装箱，半路上他们察觉到有一队海盗船正全速向他们驶来。这天正是周五，不祥之日，烈日高照，没有什么能庇护他们逃离这场灾祸。商人们似乎已经看到了自己被洗劫一空，甚至变成刀下亡魂的未来（那时在亚德里亚海域有两处重要的海盗窝点，都在现今的克罗地亚境内：内雷特瓦河与塞尼城的入海口，乌斯克斯[2]占据两地展开活动）。这可如何是好？三位商人不约而同地想到了《周五之书》可以破除周五的厄运，因此打开书高声诵读起来。他们的直觉准得不能再准了：霎时间一层浓雾遮蔽了眼前的一切，商船迅速消失在了海盗的视线里。为首的商人贾斯珀借着浓雾在意大利靠岸，海盗们就算胆量再大也不会

[1] 1486年第一本包含亚美尼亚文字的书在德国美茵茨出版，《周五之书》则是第一本由印刷社出版的亚美尼亚语图书，一般情况下我们将《周五之书》当作第一本亚美尼亚语印刷品。——译者注

[2] 克罗地亚王国雇用兵。——译者注

在这里动手。结局好一切就好，而《周五之书》要在功劳簿上记上一大笔[156]。人们都觉得这卷独一无二的宝书具有击退达尔马提亚海盗的奇效。

亚美尼亚人在威尼斯安家落户已经长达几个世纪（现在仍有大批亚美尼亚人定居威尼斯），这里甚至还住着一位亚美尼亚裔执政官夫人，玛利亚·阿吉罗斯（Maria Argyros），拜占庭帝国公主，巴西尔二世的侄女。1003 年她嫁给乔瓦尼·奥赛罗（Giovanni Orsecolo），一年后奥赛罗当选副执政官[157]。时间又过了两个半世纪，1253 年，马可·扎尼（Marco Ziani）——执政官塞巴斯蒂亚尼的侄子——在遗嘱里留下一笔资金专门用来在家族名下地产中建造一栋亚美尼亚式房屋。塞巴斯蒂亚尼本人也在亚美尼亚王国生活了很长时间（这里的亚美尼亚王国指的并不是以前的亚美尼亚苏维埃社会主义共和国，而是曾位于西利西亚，长时间属于叙利亚，现今土耳其境内的一个王国）[158]。有传说称雅各布的印刷工坊就在这座房屋内，也就是圣洛伦佐教区，这里曾经在很长一段时间里作为警察局存在（如今降级成了警长办公室）。两地之间的外交活动也十分频繁，我们知道的比如马努埃（Manuel）——亚美尼亚国王森帕德（Sembat）的使臣，1297 到 1298 年间居住在潟湖地区，与此同时，从 1282 年的马里诺·巴多尔（Marino Badoer）到 1334 年的马里诺·格里玛尼（Marino Grimani），威尼斯的 bàili（使节）接连来到西里西亚。这条往来频繁的道路绝不是偶然建成的，而是因为中东地区发生了一件大事：1299 年奥斯曼帝国宣布成立。

亚美尼亚式房屋——Hay Dun——坐落在圣马可广场不远处的圣朱利安，费拉里桥下（威尼斯方言中“费拉里”意为“灯”或“灯笼”），亚美尼亚街的拐角处（在几个世纪的变迁中这两个地名颠倒错位：16 世纪时这座桥叫作亚美尼亚桥，这条街叫作灯笼街）。这片地区直到今天还清晰可辨：

从圣马可广场出发，路过钟楼进入圣朱利安的梅切莉大街，街尽头左转，现在我们站在费拉里桥上：右手边的建筑，一楼开着一家叫作“美丽灵魂”的餐馆，这就是老亚美尼亚房屋。穿过短短的芙贝拉街（Fiuberia），右边便是亚美尼亚街。街尽头隐约中有一座不起眼的小教堂，它叫作亚美尼亚圣十字教堂。今天我们看到的这座教堂建于 1682 到 1688 年间，但它的雏形要追溯到 13 世纪：这是最古老的的移民教堂，自 18 世纪起它被交由天主教梅吉塔神父管理。整片区域都是亚美尼亚人的地盘，据文献记载某个叫彼得的商贩在他的店铺里兜售“mezè”（今天我们把它叫作“小食”），这种一口吞的食物能增进食欲——炸鱼、南瓜子、蒸扇贝[159]——不知道这些亚美尼亚店铺卖的是不是今天威尼斯人所讲的“cicheti”，也就是“ombra”（一杯红酒）的佐食——下酒菜。总而言之，中东人的活动范畴绝不只在城里的这块地方，因为 1348 年（这一年，黑死病夺走了欧洲近一半人的性命）有人在遗嘱中写道，要将5达克特交给圣乔瓦尼爱乐莫斯纳里教堂的神父，这座教堂位于里亚尔托。

1375年，历史迎来了一个转折点，随着西里西亚王国的倒塌和里昂五世的垮台，无数亚美尼亚人奔向自由而和平的威尼斯寻求庇护[160]。甚至连亚美尼亚国王的称号——虽然现在看来只是个虚位——也以某种方式落到了威尼斯。卡特琳娜·康纳（Caterina Corner），或者人们更习惯以威尼斯方言称呼她为康纳罗（Cornaro），1473年到1489年间，也就是她的丈夫詹姆斯二世吕西尼昂（Giacomo II Lusignano）去世之后，她继任塞浦路斯及亚美尼亚女王，直到威尼斯共和国逼迫她交出王权。这些称号如今落到了吕西尼昂的旁系远亲、曾经统治过意大利的萨沃伊家族手中，但在矗立于圣马可和里亚尔托之间的圣萨尔瓦多教堂内，康纳女王洁白的大理石墓碑上仍然雕刻着这些头衔。

在威尼斯的圣玛利亚教堂附近有一条路，它向今人证明着亚美尼亚人在潟湖区的存在。这条路叫作朱法路（Giuffa）：之所以以“朱法”命名大概是因为大部分迁至威尼斯的亚美尼亚人都来自新朱利法，我们之前说过的伊斯法罕市郊小城。然而居住在这个区域的亚美尼亚人大都来自阿塞拜疆纳希切万共和国的边境城市、与伊朗毗邻的朱利法（旧称Julfa，今称

Culfa）。在亚美尼亚与阿塞拜疆的冲突中，战火摧毁了这片区域，1998年到2006年间，亚美尼亚中世纪墓园被从土地上抹去（整个破坏过程被伊朗方面拍摄照片存档），做出如此激烈举动的巴库政府甚至否认亚美尼亚墓园在朱利法的存在，也不承认亚美尼亚人曾在这座城市生活过。

要想对威尼斯的亚美尼亚族群有一个全方位的认识，就不得不提到一个人，这个人跟书籍没有半点关系，但却在威尼斯共和国的历史上留下了浓墨重彩的一笔，尤其是在欧洲基督教民族与黎凡特地区穆斯林之间的关系上，此人举足轻重。一个人的直觉和能力很少会影响一场战争的胜负，更何况这个人并不是恺撒或拿破仑这样的军事天才。但勒班陀战役若没有安东尼·苏利安（Antonio Suriàn）——人们将他称为亚美尼亚人安东尼——就会是另一个结局。16世纪中期，他从叙利亚（这也是他的姓氏“苏利安”的来源）来到威尼斯，这时威尼斯拥有3400艘私人船厂出产的商船，战舰则是交由世界上第一个综合型工业企业——威尼斯军械库打造。船型主要是两桅帆桨战船，即一种依靠船帆和船桨推进的战舰，以及它稍小和稍大的变形体，分别称为“单桅快艇（fusta）”和“加莱赛战船（galeazze）”。但丁在《神曲》地狱篇第21章中将威尼斯武器库叫作“arzanà de'viniziani”，这里直接或间接雇用了五六千工人，在危急时刻，比如勒班陀战役前夕，船厂有能力一天下水一艘战舰。那时的威尼斯是一座移民城市——我们已经看到了德国人在印刷术传播方面扮演的重要角色——尽管这些移民讲的语言复杂难懂，皮肤也毫无疑问属于深色系，但他们还是被召集起来做一些力所能及的事情。亚美尼亚人安东尼是船舶工程和机械方面的天才：1559 年，在他只有 29 岁时，他挽救了一条沉没在圣马可河湾中的货船和船上的所有货物；还有一次他成功将贵族基洛拉姆·康塔里尼（Girolamo Contarni）的加莱赛战船以及船上珍贵的三尊铜制加农炮打捞上岸。安东尼对武器有非比寻常的热情，他的妻子琪娅拉，也是他的邻居，是威尼斯武器库制弩师的女儿。

1571 年 10 月 7 日，希腊库佐拉利群岛的海面上，靠近勒班陀海峡一处，基督教国家与奥斯曼帝国的战舰相遇。这是 1805 年 10 月 21 日（很明显 10 月是一个适宜海战的月份）大不列颠与西法联军的特拉法加战役之前地中海上最血腥、规模最大的战争。基督教同盟派出 208 艘两桅帆桨战船（包括 106 艘威尼斯战船，90 艘西班牙和热那亚上将乔瓦尼·安德雷亚·多利亚的战船，12 艘教皇国战船），8 万将士，1800 门大炮；土耳其方面则派出了 222 艘战船，9 万士兵和 750 门加农炮[161]。威尼斯的 6 艘加莱赛战船在这场战役中起到了至关重要的作用：它们高高地立在水上，仿佛漂浮的堡垒阻挡土耳其舰队的攻击，它们又冲进两艘船舰之间，破坏敌军队形，导致苏丹的舰队四分五裂。在奥地利将领堂·乔瓦尼（don Giovanni）的指挥下，6艘加莱赛战船率领众舰扭转局势。

“安东尼·苏利安登上了指挥官弗朗西斯科·多铎的加莱赛战船，他事先调配好了所有口径的加农炮，尤其是他自己铸造的那些，并采用先进技术保证弹无虚发、炮炮命中土耳其战舰，震慑敌军，不容忽视的是，这一天这位不知疲倦的亚美尼亚工程师拯救了沉没的多铎战舰，就地堵住了船上的大洞”[162]。但这还不是全部，伟大的安东尼似乎还发明了一种能有效治疗交战中受伤的士兵的药品。在战场上，他被称呼为“那位工程师”，1591年安东尼逝世，他留下的六个儿子又为威尼斯武器库工作了几十年，直到1655年，苏利安家族的痕迹才在历史上消失。[163]

“苏利安”这个姓氏，在威尼斯还是很常见的，这也进一步证明了叙利亚裔亚美尼亚人在威尼斯人口众多。其中曾有一个家族在1648年被授予贵族头衔（为了给对抗土耳其的克里特战争筹资，威尼斯大公出售大议会的席位，也就是允许了贵族地位的买卖），苏利安家族位于卡纳雷吉欧河道旁的巴洛克豪宅，在一个世纪后成为了法国大使馆所在地，让-雅克·卢梭（Jean-Jacques Rousseau）作为使馆秘书在此工作多年。

18世纪，美奇塔尔神父遭到土耳其政府的追杀，从希腊伯罗奔尼撒大区的摩多奈一路逃至威尼斯；威尼斯大公将圣拉兹罗岛交由他和他的教区管理，今天这里是宗教集会场所，在很长一段时间里这里，还有一家非常重要的印刷工坊，不过这个问题我们回头再说。为了强调亚美尼亚人在威尼斯的持续存在，我们要讲到一位剧作家卡洛·哥尔多尼（Carlo Goldoni），在他1749年的戏剧作品《古董商之家》（*La famiglia dell'antiquario*）中，仆从布里吉拉向他的朋友阿莱基诺提议假扮亚美尼亚人来骗过安赛默·德拉扎尼伯爵。“你为什么不试试冒充亚美尼亚人？他肯定听不懂亚美尼亚语。你只要把 -ira 结尾的单词都改成 -ara 结尾就万事大吉了，他肯定会觉得你是一个亚美尼亚裔意大利人。”很明显那时在威尼斯街头听到的一般都是意大利语，而不是德语或英语。著名的英国诗人拜伦勋爵除外，1817年，他每天都要乘贡多拉去圣拉兹罗岛上语言课。

以上赘述都是为了让读者能够更好地理解为何在1512年亚美尼亚出版商选择威尼斯而不是别处来发行他的处女作。“自那时起，印刷艺术与古老的书写艺术并行发展，两者都收获了不错的结果”[164]。与其他语种的书籍比起来，亚美尼亚语图书要想在天然市场上获得成功要面临更大的苦难：遥远的距离，“让印刷品运至东方的路途变得昂贵又危险，因为野蛮的海盗还在蹲守着来往的商船”[165]（这些海盗的据点位于北非海岸，尤其是突尼斯）。

《周五之书》以及它抵御灾祸的神奇功效我们已经讲过了。雅各布此外还出版了四部作品，这些作品既针对国内市场（即居住在威尼斯的亚美尼亚人），又做出口生意（也就是针对居住在黎凡特地区的亚美尼亚人）。市场上的主流书籍是古典名著和宗教用书，而这四本书不在此列。雅各布印刷的是世俗文学作品，面向往来于亚得里亚海和东地中海之间的商人旅客，这些人不仅是他的读者，还能做他的推销员。不管怎么说，得益于他的商业头脑，亚美尼亚人成为了“东方第一批尝鲜古登堡发明的人”[166]，这在16世纪的威尼斯开创了先河。

没有人知道雅各布结局如何，也没有人知道他订购的活字是只用在了五本书上（这种假设不太可能）还是后来被反复利用，更没有人知道从他出版最后一本作品《歌集》（*Talaran*）到1565年阿布格印刷万年历的这50年间，威尼斯还有没有出版过其他亚美尼亚语图书。16世纪记录在册的亚美尼亚语书籍共有17部：8部在威尼斯印制，6部在君士坦丁堡，3部在罗马。下一个世纪则有160部作品付印，其中大部分诞生于威尼斯；1512年到1800年有19家由亚美尼亚人或非亚美尼亚人掌管的印刷厂在潟湖区安家落户，这些印刷厂专门印制亚美尼亚语书籍[167]，出版了“整整249卷无论从内容上还是从印刷技术上来看都无可挑剔的书本”[168]。

我们先将这位神秘的亚美尼亚印刷商放在一边不谈，时间线跳跃到16世纪后半叶，这时天主教改革正如火如荼地展开。一个秘密的亚美尼亚教会委员会在锡瓦斯（这里同时也是美奇塔尔神父的故乡）开会决定委派贵族阿布格·迪普前往罗马参见教宗庇护四世。阿布格出身于小亚细亚的托卡特，“迪普”与其说是一个姓氏不如说是一个头衔，意为“圣器守护人”。他的外交任务是向教宗请求“保护穆斯林统治下的亚美尼亚人民”[169]。

派出的亚美尼亚使者在1564年抵达威尼斯，在启程前往罗马之前，他们受到了威尼斯大公的召见。在永恒之城[1]，教皇会热烈欢迎全体使团，但若有人请求援助，将不会有任何结果。这场交涉本质上是失败的，因此“阿布格转而回到威尼斯做起出版商，用罗马制造的活字印刷亚美尼亚语书籍，他还获得了教皇的授权和他侄子卡洛·博罗梅奥（Carlo Borromeo）的推荐，后者日后成为米兰主教”[170]。阿布格在威尼斯印刷的第一部作品是万年历；之后他又出版了一部珍贵的《赞美诗》（*Salterio*），全书共272页，随书附有精致的木刻版画，仅有两本流传了下来（分别保存在威尼斯和米兰）。书中的第二幅版画表现出了阿布格“拜倒在执政官吉罗拉莫·普罗利（Girolamo Priuli）的权威之下，配文中写道：‘他来到一座知名城市的美丽港口，这座城市便是吉罗拉莫执政官管理的威尼

[1] 指罗马。——译者注

斯，我们的这本新书亦诞生于此。’”[171]他因为在威尼斯成立了第一家真正的亚美尼亚印刷坊而闻名（我们不确定世纪初雅各布印刷时用的是自己的印刷机，还是向旁人租借的），“国语印刷的宗教书籍与知识性书籍在这个时代应该为亚美尼亚人民的未来复兴担以重责”[172]。但阿布格·迪普只在威尼斯待了几年就离开了：1567年他将印刷事业转移到君士坦丁堡。来到奥斯曼首都，在儿子苏丹沙赫（Sultanshah）的协助下，阿布格在一所罗马教会的教堂中建立了整个黎凡特地区的第一家印刷坊，他印刷的“第一部作品是基础亚美尼亚语法”[173]。正如他所想，对于亚美尼亚语书籍来说，教学功能是最基础的，这些书能够造福生活在海外的少数同胞。在威尼斯，霍夫纳斯·泰泽奇（Houhannes Terzentsi）整理了迪普留下的事业，1587年他出版了一本全新的赞美诗。整个17世纪印刷活动从未间断，直到18世纪达到鼎盛：1681年*Bargirk'Taliani*出版，这是一本绝妙的威尼斯方言–亚美尼亚语商贸词典，其中包含84句常用短语，比如ligate assieme e fate balla（捆在一起做成包裹），或者是voi volete bon mercà, io voglio vender caro（你们想贱买，我却想贵卖），这些话都用亚美尼亚字母重新拼写。当美奇塔尔神父的出版事业搞得风生水起的时候，1779年在圣拉兹罗岛上一家印刷工坊拔地而起，直到20世纪90年代，它一直是世界上最重要的亚美尼亚语书籍出版地。

现在我们将目光聚焦到威尼斯的另一个“世界第一”上（早在雅各布开始活动的26年之前，这个“世界第一”就已经存在了），即希腊语图书的正式出版，1486年印制的第一本书名叫《蛙鼠之战》（*Batrachomyomachia*），位于穆拉诺岛的殉道者圣伯铎修道院出品。通篇六音步诗，在古希腊文化全盛时期和文艺复兴时期被认为是出自荷马之手，然而今天我们判断本书的作者只是一名籍籍无名的诗人。《蛙鼠之战》全篇用希腊语写成，但书中存有部分希腊语的图书早已现身市场，我们说的就是语法书，这类书通常是双语图书，部分古希腊语，部分拉丁语。其中最著名的就是曼努埃尔·赫里索洛拉斯（Manuele Crisolora）所著的《希腊文法问答》（*Erotemata*），这本书出版时没有署明日期，但我们认为它是1471年诞生于亚当·德·安博高（Adam de Ambergau）手中[174]。研究希腊语在当时成为一种流行，随着它在文艺复兴时期意大利的知识分子阶层间掀起一阵潮流，印刷业也大获成功：“自1500年开始，所有的希腊语语法书都多次再版，证实了意大利人文主义学者对这项课题的兴趣。”[175]

至于希腊人，就像我们之前说到过的犹太人和亚美尼亚人一样，希腊语图书选择在威尼斯出版印制是因为希腊人已经在潟湖地区生活多时。威尼斯与希腊的特殊关系要追溯到很久之前，那时威尼斯共和国只是一个群岛集团，这里居住着一心只想讨个生活的渔民和盐贩。他们不想与横行欧洲的神圣罗马帝国为伍，因此决定投奔拜占庭帝国。威尼斯人的参照对象不是罗马教皇或者亚琛王国的君主，而是将目光投向了拜占庭的巴希琉斯[1]和拉韦纳（Ravenna）的东正教总督。只要看一眼教堂的陈设，这种说法就能被轻易证实：圣马可教堂与我们印象中欧洲中心庄严肃穆的罗马式建筑相差甚远，事实上它是金光闪闪的圣索菲亚大教堂的“女儿”。14 世纪时，土耳其加强了对拜占庭领土的打击，希腊人拼命向西方寻求救援以抵御奥斯曼帝国海浪般层层涌来的侵略。1370 年约翰五世前往威尼斯，德梅特里奥 · 西多尼（Dimityrios Kydonis）也在随从队伍当中，这位博闻强识的外交官是第一批深入欧洲地区传播希腊文化的人。1390 年西多尼曾回到过威尼斯共和国，1394 年到 1395 年他又伴同曼努埃尔 · 赫里索洛拉斯一起回来。他是“第一个从拜占庭前往意大利教授希腊字母的希腊人”[176]，他的学生维罗纳人瓜里诺 · 瓜里尼（Guarino Guarini）陪他一起回到了故乡，瓜里诺也是“第一位前往君士坦丁堡学习希腊语的意大利人”[177]。

我们前面已经强调过了，15 世纪的威尼斯爆发起一阵希腊语热潮，为这场热潮添柴浇油的便是人文主义学者莱昂纳多 · 朱斯缇年（Leonardo Giustinian）和弗朗切斯科 · 巴尔巴洛

[1] Basileus，希腊语词汇，可以理解为国王、君主。——译者注

（Francesco Barbaro）。1416年巴尔巴洛邀请乔治·特莱比松达（Giorgio di Trebisonda）来威尼斯誊抄他收藏的手稿。这位拜占庭人高高兴兴地接受了邀请，欣然前往威尼斯，之后又去了帕多瓦，教授主教彼得·马尔切洛（Pietro Marcello）希腊语（马尔切洛同时还向瓜里诺·瓜里尼和维多里诺·达·费尔特雷学习拉丁语），因此乔治先后搬到了佛罗伦萨和罗马，成为了罗马教皇秘书（教皇将各地智者收于麾下，并授予尊贵职务）。“他的希腊语和拉丁语文学作品思想宏大，对同时代的人文主义运动产生了深远影响”[178]。

又过了几年，一位在威尼斯历史上留下深深刻印的希腊人来到了潟湖区，他的捐赠品是圣马可图书馆的核心馆藏，这座1468年建立的图书馆至今仍然存在并对外开放。贝萨里翁第一次来到威尼斯是1438年，同他一起的还有拜占庭帝国国王约翰八世和主教约瑟芬二世。宗教部门与非宗教部门的随从多达600人，他们取道威尼斯共和国前往费拉拉和佛罗伦萨参加主教会议。这项会议的目的是团结罗马教廷与君士坦丁堡教廷，其中贝萨里翁的出色活动给教皇留下了深刻印象，并钦点他做红衣主教。贝萨里翁1440年定居罗马，试图掀起一场对抗土耳其人的圣战，然而这个想法最终落空了。不过他在收集希腊文手稿方面的工作却十分成功。得益于经年累月的收购和誊写，他收藏了共计800份手稿，1486年，他们被捐赠给威尼斯共和国，贝萨里翁本人也被认为是这笔珍贵财富的守护人。

此时发生了本世纪的一件大事：君士坦丁堡在1453年被穆罕默德二世（也被称为征服者穆罕默德）占据，变成了土耳其帝国的新首都。拜占庭智者纷纷向旧首都告别，也知道这是再也回不去的故乡。考虑到已有不少同胞生活在威尼斯，这座城市成为亡国人的首选避难之所，“他们来到威尼斯并成为希腊文活字雕刻工、出版商、印刷工人、校稿人和编辑，与意大利人通力合作，为希腊语图书的诞生作出了不小的贡献。而意大利的印刷厂为了满足人文主义者的需求，大量印制古典文学作品”[179]。还有一些人来到克里特——1204年到1669年这里属于威尼斯管辖——这座地中海大岛的子民为希腊语印刷业制定了标准。

想要对威尼斯的希腊文化有一个全面的了解，不能不提到希腊兄弟会。希腊兄弟会建于1489年，今天仍然存在，改名叫作希腊学会。希腊圣乔治堂和它旁边的圣象博物馆坐落在希腊桥下，这些地名承载着希腊民族在威尼斯长达几个世纪的存在。

开启希腊文印刷业的是两位克里特人。关于他们，我们知之甚少，他们在各自出版的书籍末页曾写过一些话，这些话是我们唯一的信息来源。拉奥尼克（Laonikos）和阿里桑德罗（Alexandros）都是来自干尼亚（Chania）的神父，后者日后成为阿卡迪亚（Arcadi）的主教。1486年，拉奥尼克出版了《蛙鼠之战》，“同年阿里桑德罗出版了《大卫诗篇》（*Salmi di*

Davide），这是第一本希腊语宗教书，也是阿里桑德罗出版的唯一一部作品。这两本书采用的活字是相同的，让人不禁思考这两部书是否出自同一家印刷厂，是否以相同的古代手稿作为参照模板。这两本书皆用黑字和红字两次印刷，意味着出版者都有制作一套宗教文集的意图，可惜没能实现”[180]。

在完成了他们的使命之后，拉奥尼克和阿里桑德罗便消失在了历史的尘烟中，但他们开创了一项伟大的事业：“世界上没有其他城市能像威尼斯一样，为希腊语书籍出版业、为希腊文化的进步和发展鞠躬尽瘁”[181]。后来，希腊语出版业的火炬又传到了另一个克里特人——扎卡利亚·卡列吉（Zaccaria Calliergi）手中，1473 年扎卡利亚出生在罗希姆诺，他的家族是岛上最显赫、最有权力的家族。1490 年，他来到威尼斯，与克里特贵族尼克拉·瓦拉斯托（Nicola Vlastò）一起开办公司，瓦拉斯托是“拜占庭最后一任首相卢卡斯·诺塔拉斯的女儿安娜·诺塔拉斯的心腹，卢卡斯带着他的财产和女儿一起搬来威尼斯”[182]，这位慷慨的女士成为了威尼斯共和国第一家希腊语印刷厂的投资人。“卡列吉”（Calliergi）的姓氏注定要在威尼斯名垂青史，不过在百年时光里它的拼写和读音略有变化：比如 1572 年安东尼奥·卡列吉（Antonio Calergi）去世，并留下一座藏书 800 本的图书馆，这在当时是一笔不小的财富[183]；温德拉敏宫（Ca'Vendramin Calergi），也就是今天的威尼斯赌场，1883 年理查德·瓦格纳于此去世。

扎卡利亚·卡列吉是“最著名的希腊印刷商，集各种难能可贵的才华于一身：手稿抄写员、插画师、活字雕刻师、博学的评论家和出版商、高品位的校稿人和编辑”[184]，此外他还与知识渊博的学者合作，比如马可·穆素罗。穆素罗也出身罗希姆诺，他日后还将成为阿尔多·马努齐奥最重要的合作者之一，并在帕多瓦大学任教，伊拉斯谟·鹿特丹姆斯是他的学生。扎卡利亚和尼克拉的意志、马可的智慧再加上安娜的财富，在1499年孕育出“文艺复兴时期印刷界的杰作之一”，即《词源大全》（*Mega Etymologikon*，拉丁语为 *Etymologicum magnum*）。第一家希腊印刷坊花费了整整六年时间准备，才印制出第一本希腊语词典，它是“拜占庭文学史上最重要的纪念物之一”[185]，每一页都印刷了两遍，一页用黑字，一页用红字，首版（目录学上称为“editio princeps”）字典被后来者作为标准纷纷效仿。卡列吉和瓦拉斯托合作出版了四本书，最后一本书是盖伦的《医学疗法》（*Terapeutica*），是那时所有医生的必读书目。卡列吉搬到帕多瓦，继续手稿抄写的工作。瓦拉斯托将剩余的书本卖给了马努齐奥，精致的活字也被琼达买走，并在1520年重新派上用场。

文艺复兴时期最重要的出版商阿尔多·马努齐奥已经占据了本书的一个章节，但在这里，我们要探讨一下他对于希腊语出版业的巨大影响力。1489至1490年间，马努齐奥带着贝萨里翁主教留给威尼斯共和国的珍贵手稿来到威尼斯，想要在这里开辟自己的印刷事业。“阿尔多出版的第一本注明日期（1494年11月28日）的书籍是《语法》（*Grammatica*），作者是康斯坦丁·拉斯卡里斯（Costantino Lascaris），但他真正出版的第一部作品并没有写清日期，这本书应该是1495年放在市场上流通的，名字叫作《猫鼠之战》（*Galeomyomachia*），作者是西奥多洛·普罗多罗默（Theodoro Prodromo），编辑是亚利斯布罗·阿波斯多里奥（Aristobulo Apostolio），他更为人熟悉的名字是亚赛尼·阿波斯多里奥（Arsenio Apostolio）”[186]。马努齐奥需要一位精通希腊语的人，他找到的这个人就是穆素罗。“马可·穆素罗，最伟大的现代希腊语语文学天才，他出色的教学活动，以及在与著名威尼斯印刷商阿尔多·马努齐奥合作发行出版古希腊作家作品时细致的编辑工作，为欧洲文艺复兴作出了不可估量的贡献”[187]。阿尔多拿去给博洛尼亚人弗朗西斯科·格利芬雕刻斜体字的参考字体就是出自他的朋友穆素罗之手。[188]

另一位重要的合作人是生于君士坦丁堡的亚努斯·拉斯卡里斯（Giano Lascaris）。但最令人惊喜的贡献来自于乔瓦尼·格力高洛普洛（Giovanni Grigoropulo），他在古希腊语印刷史上留下的痕迹却与一桩凶杀案有关。他是一位“字母的搬运工”[189]，也就是抄写员，他的父兄也从事同样的工作，乔瓦尼因校对文稿认真细致而声名远播。1494 年，他来到了威尼斯，给兄弟马努埃莱讨求公道，马努埃莱因为被迫犯下杀人案而被流放到喀帕苏斯岛。一方面要补偿受害者的家属，另一方面要等待法庭的宣判：整整七年间，乔瓦尼顽固地向上申诉，这件事仿佛成了他的主业。1501 年，他终于达成了目的并继续为马努齐奥工作（想必这个时候他的生活要放松许多），一直到 1504 年。这一年之后，我们就不确定他究竟是去世还是回到家乡了。[190]

马努齐奥被"他的希腊合作人催促着出版古希腊世界不可或缺的文章"，这或许能够解释一件颇具争议的事情："除了其他知名的功绩之外，马努齐奥还应该是第一个出版东正教希腊语读物的人"[191]。这位出版商显然害怕罗马天主教会不赞成东正教书籍的出版，因此他的出版活动都是偷偷进行的，"通常这些文章都是偷偷摸摸印制的，不加标题，还要掩藏在一堆宗教书、语法书或诗集之中"[192]。

1515 年马努齐奥逝世（但他的印刷事业还在继续），不久之后"帕特雷商人安德莱亚·库纳迪斯（Andrea Cunadis），同时自 1516 年起也是希腊兄弟会的一员，将他的名字与宗教图书和新希腊语图书出版工作紧紧联系在了一起，这些书的读者不仅仅有日益壮大的兄弟会的会友，还有黎凡特地区的东正教徒"[193]。库纳迪斯如字面意思仅仅只是一个"出版商"，他自己不印刷任何作品，印刷工作都全权交给布雷西亚人——印刷工尼克里尼·达·萨比奥（Nicolini da Sabbio）。1523年库雷迪斯去世后，他的遗产由岳父——织物商人达米亚诺·圣玛利亚（Damiano di Santa Maria）继承，达米亚诺继续与萨比奥合作直到1550年。在这32年的合作时间里，他们一共推出了49本书：31本礼拜用书，17本文学书，和1本（圣巴西利奥的作品）用拉丁语和希腊语写成的书。“这是印刷史上第一次不单单将希腊语图书的目标读者定为意大利的知识分子，还包括了讲希腊语的人民和黎凡特地区的东正教信徒”[194]。

出版事业蒸蒸日上，1544年人文主义学者尼克拉·索菲亚诺·科尔福（Nicola Sofiano di Corfù）印刷了一本现代希腊语天文学手册，此外他还将普鲁塔克（Plutarco）的作品翻译成新希腊语，便于读者阅读（但出版工作是由别人完成的）。后来人们慢慢明白，现代希腊语逐渐取代了古希腊语的位置。1519年卡列吉印制了第一本新希腊语图书，不过这本书已经遗失了，1524年库纳迪斯出版的第二本新希腊语图书也不知去向，不过之后新希腊语书籍越来越多，流传到今天的版本也有不少。在这段时期，商人们还开始印刷在世的作家的作品，大部分来自伊奥尼亚群岛（Isole Ionie），而克里特文学将在下一个世纪迎来它的巅峰，主要是因为1669年克里特人失去了对克里特岛的管控，来到潟湖地区避难。16世纪“威尼斯成为了希腊世界的文化之都，它还对希腊政治的重生有着不可估量的影响”[195]。威尼斯印刷坊一直在出版新希腊语作品，18世纪中期，每年出版到黎凡特地区的图书有2万到3万本，希腊独立（1821）之后出版活动仍在进行，直到20世纪初期才渐渐收声。

第六章

东方之风

“巴尔干半岛始于仁威格街。”奥地利政治家克莱门斯·梅特涅（Metternich）骄傲地称。仁威格街就是他在维也纳居住的街道。早在他之前，威尼斯人就已经知道，只要一踏出家门，就能到达世界上的其他地方。威尼斯是东方世界在西方敞开的一扇大门，不用跨出边境就能领会到异邦的风土人情。巴尔干半岛上的威尼斯居民组成了许许多多团体——达尔马提亚的天主教教徒团体、科托尔湾的东正教教徒团体还有讲斯拉夫语的威尼斯属阿尔巴尼亚[1]——当地人讲的语言都属于斯拉夫语系。每当这些小团体需要仪式用书时，就有备货从首都运来：这部分的需求来自国内市场，因为无需关税，最终报价也就更低。当然还有国外市场：威尼斯经营着一个庞大的跨国书籍企业，随时欢迎那些一只手拿着待印的图书，另一只手拿着大把金钱的顾客。因此，头两版捷克语《圣经》

[1] 威尼斯属阿尔巴尼亚位于亚德里亚海东南岸，存在于1420—1797年。——译者注

在波西米亚地区出版之后，1506 年彼得 · 列支敦士登（Peter Liechtenstein）紧随其后，在威尼斯印制了第 3 版。这是一本胡斯《圣经》，也就是说在胡斯派发起的基督教运动中，这本《圣经》为温和派所用：尽管如此，罗马教会还是将其定性为异端邪说。胡思信徒——取名自扬 · 胡斯（Jan Hus），1415 年他被判为异教徒并活生生地烧死——经历了二十余年的战争之后，被天主教和封建贵族打败。15 世纪后半叶，胡斯派中由小贵族和资产阶级组成的温和派加入了新教徒的队伍，而主要由农民组成的激进派，也被称作“塔波利”（Taboriti），则被早早地消灭了。

这时我们轻易就能做出假设，16 世纪初威尼斯共和国的自由风气有非同寻常的吸引力，因此波西米亚的新教徒们发现，在威尼斯的荫庇下印制这本改良版《圣经》要比在圣瓦茨拉夫的领土上印制此书安全得多。很明显，这本书意在出口。今天在意大利只有一本胡斯《圣经》幸存下来，它被保存于威尼斯契尼基金会。

到这里为止，我们已经看过了威尼斯“选手”斩获的各项金牌——印刷第一本《古兰经》、第一本《塔木德》、第一本希腊语书和第一本亚美尼亚语书。当然它还赢得了银牌、铜牌和其他含金量小一点的奖项，比如第一本意译《古兰经》（1547 年安德莱亚 · 阿里瓦贝内印制）及第二本白话文《圣经》的印刷（这也是第一本意大利语《圣经》）：首版白话文《圣经》无疑是用德语写成。

如果说从欧洲中部吹来的东风是和煦微风，那么从巴尔干半岛上吹来的就是足以影响潟湖区出版业的呼啸狂风。威尼斯成为了斯拉夫南部（也就是南斯拉夫，不过那个时候还没有这种称呼）语言书籍的印刷中心，这些语言包括克罗地亚语、塞尔维亚语、波斯尼亚语。应该说，我们给这些语种冠以名称是为了方便阅读，然而这些称呼与我们所讲述的时代多有不符。在 19 世纪，塞尔维亚 - 克罗地亚语被视为一种独立的语言，1991 年至 2001 年的 10 年间南斯拉夫在冲突中走向解体，克罗地亚语、塞尔维亚语、波斯尼亚语——还有 2006 年黑山独立之后诞生的黑山语——从塞尔维亚 - 克罗地亚语中分离了出来。当然了，各国的民族主义者都手握史料，信誓旦旦地证明只有自己的语言——看在上帝的份上——跟其他语言绝对两样，自己的语言是至少从中世纪开始就存在的、最古老的语言，邻居们讲的语言都是由本国语言演化而来的。如果各位读者有兴趣，不妨在维基百科搜索一下 Bosnian Cyrillic（即“波斯尼亚西里尔字母”）——意大利语版的信息是不完善的，请您移步英文版——词条下“冲突与论战”和“历史与特点”两部分几乎是一样长的。不过当然了，付诸笔头时，这些语言使用的字母是不同的，在斯拉夫南部不同的地区也存在不同的方言，从这些方言中发展出我们今天所知道的各种语言。

我们今天对亚得里亚海另一端、近若比邻的东方世界的概念，经过了重重曲解：一个世纪的时间里我们认为它代表民族主义，而在半个世纪里我们认为它代表共产主义，也就是说意大利人民和斯拉夫南部地区人民在一百年之间为民族优越性争论不休，又在五十年的时间里因为意识形态的不同处于冷战状态。亚得里亚海变得越来越宽，这片海洋仿佛在两岸人民之间设了一座屏障。但是，在那个水运更便捷、更安全的时代里，局面大大不同：亚得里亚海面一派友好团结的景象。两岸的关系非常紧密，甚于与各自内陆地区之间的关系，尤其是达尔马提亚，尖耸的韦莱比特山脉就在海岸线的后方。对伊斯特拉人来说，赶去里亚尔托卖菜是再平常不过的事情，威尼斯也在好几个世纪里用达尔马提亚商船运来的木材烧火取暖。

16 世纪时亚得里亚海只是威尼斯的一个湖泊（事实上，直到 19 世纪它一直被叫作威尼斯湾），威尼斯政府授予它与内陆地区平等的法律地位。这是因为威尼斯共和国的 domini da mar（海外领土）已经延伸至亚得里亚海东岸的伊斯特拉、达尔马提亚（那里的通用语言是拉第尼亚方言，也就是现在已经消失的达尔马提亚语：1898 年最后一个会讲达尔马提亚语的人在克尔克岛逝世）和威尼斯属阿尔巴尼亚。

因此，斯拉夫裔威尼斯人前往首都印刷各自语种的书籍没什么好奇怪的，更何况威尼斯不仅是那时的首都，还是毋庸置疑的出版圣地。还请读者注意，为斯拉夫人传福音的是两位拜占庭人，西里尔与美多德（Cirillo e Metodio）。“西里尔将译好的书本放在圣坛上，将它作为祭品献给主”[196]。1477年，第一本克罗地亚作家的作品在威尼斯付印，它并不是一本宗教经书，而是一本拉丁语诗集，作者是来自希贝尼克的人文学者乔治亚·希斯高利（Juraj Šižgorić），也被叫作乔朱斯·希斯高琉斯（Georgius Sisgoreus）。《挽歌与诗篇》（*Elegiarum et carminum libri tres*）也是第一本付印的克罗地亚诗人的作品。

第一本用格拉哥里字母——克罗地亚古字母——印刷的书籍是1483年出版的弥撒书，我们尚不清楚这本书的产地，但普遍推测是在今天的克罗地亚境内，大约在利卡县的柯西尼（今天的Gornij Kosinj），位于达尔马提亚内陆，帕岛（Pag）的另一侧；或者是在里耶卡（Rijeka）不远处的莫德鲁斯（Modruš）。接下来的这本，也就是第二本用格拉哥里字母写成的作品、第三本克罗地亚的作品（如果我们把希斯高利的拉丁语诗集也算上的话），是1491年的一本日课经。存世的唯一余本被保存在威尼斯的圣马可图书馆。它产自何处我们尚未知晓，但许多人认为它来自威尼斯共和国[197]。这种说法没有确凿的依据，只有一些模糊的间接证据，事实上，几位克罗地亚的当代历史学家已经证明了它是在柯西尼印制的[198]。提醒诸位读者，柯西尼所在的利卡县大部分归塞尔维亚统治，直到风暴作战[1]（1995年8月）前夕，克罗地亚才从塞尔维亚克拉伊纳共和国手中将这片土地夺回来。

1943年，阿尔多·马努齐奥的未来岳父安德莱亚·托莱萨尼在布雷兹·巴洛米克（Blaž Baromić）的指导下出版了一部威尼斯血统的格拉哥里字母版日课经。巴洛米克诞生在克尔克岛上的瓦比尼科（Vrbnik），这里也是威尼斯共和国的领土，日后他将成为塞尼（Senj）大教堂的一名牧师，在哈布斯堡王朝的土地上，他还将建立传统上认为的克罗地亚第一座印刷工坊。之所以说它是“传统上认为的”第一座印刷工坊，是因为有人猜测在它之前还有其他印刷工坊存在，但这种猜测拿不出实在的证据。1527年，还是那个安德莱亚·托莱萨尼，出版了一部极尽奢华的拼写书，书中饰满精美的木版画，用红字和黑字分印两份，“整个16世纪，他为格拉哥里字母绘制的活字式样被视为模板，广为借用”[199]。

四十多年之后，1561年，另一个安德莱亚·托莱萨尼，也就是托莱萨尼的外孙，又印制了一版新的日课经，出身克尔克岛、在奥米沙利（Omišalj）担任神父兼公证人的米库拉·波洛兹（Mikula Brožić）担任编辑。直到不久之前，人们还认为这本

[1] 克罗地亚独立战争中最后一场大型战役。——译者注

书只是对上一本书简单的修改和整理，然而一位研究细致的学者指出，波洛兹“重排了文章，修改了日历，整合了各位圣人的日课，修正了拼写，使此书的语言风格与克罗地亚口语更加接近”[200]。

这时不得不提到克尔克岛对于格拉哥里传统的重要性。两版日课经的编者都来自克瓦内尔湾内的克尔克岛，这里也是最接近陆地的岛屿：距离海岸最边缘处只有600米（自1980年起，一条1430米的桥将它与本土相连）。在南部，准确地说是在离巴斯卡（Baška）不远的吉兰德沃（Jurandvor），《巴斯卡之碑》（*Baščanska ploca*）被重新发现，它是已知最早的写有格拉哥里字母的物件。1851年石碑原件在圣露西亚教堂被发现，之后被转移到克罗地亚首都萨格勒布，今天在这座小教堂里仍然能看到复刻件。石碑上的刻文要追溯到1100年，它证实了兹沃尼米尔王（Zvonimir）曾将土地捐赠给守护圣露西亚教堂的本笃会修士。

现在我们说回纸质印刷品。1528年，一家大印刷厂，也是16世纪前期威尼斯众多跨国图书公司中的一家，出版了一本重要的弥撒书，书中配以木版画，帕瓦奥·迪莫德罗斯（Pavao di Modruš）担任编辑。之后五十年的时间里，威尼斯还陆陆续续出版了一些用格拉哥里字母写成的书籍，但还要再等一百年，直到1631年，才能看到下一本弥撒书面世。但这后一本弥撒书出现时，很多情况已经发生了改变：这本书诞生于罗马的万民福音部，编者也不再是本笃会修士，而变成了方济各会修士拉法尔·雷瓦克维克（Rafael Levaković），他在文章中“引入了许多东斯拉夫语的形式，玷污了从先前各个版本中传承下来的语言”[201]。总之，从语言学的角度来看，威尼斯版本要比后来的罗马教廷版本严谨得多。

我们已经知道1512年是第一本亚美尼亚语书籍诞生的年份，其实同年还诞生了第一本使用西里尔字母的波斯尼亚语书籍《处女玛利亚的日课》（*Oficje svete dieve Marie*）。今天，波斯尼亚语使用的是拉丁字母，但在半个世纪之前，“波斯尼亚的居民——在这片地区格拉哥里字母渐渐退出历史舞台，取而代之的是西里尔字母——行拉丁宗教仪式，讲克罗地亚语，用特别的文字书写，即一种被称为波斯尼亚文（bosancica）的西里尔文字”[202]。巴黎人纪尧姆·波斯特——我们前面讲阿拉伯文活字和帕卡尼诺·帕卡尼尼的时候曾提到过他——“第一次重新印制了波斯尼亚西里尔字母表，并配以罗马字的音译”[203]；米兰印刷工乔治·卢斯科尼（Giorgio Rusconi）在位于圣梅瑟堂的书店里印刷了第一部波斯尼亚语作品，几天之后，他又印制了第二部波斯尼亚语作品。这两本书的编辑名叫弗朗乔·米卡罗维克·拉特科维克（Franjo Mikalović Ratković），来自拉古萨（也就是现在的杜布罗夫尼克），当时它还是一个独立的共和国

（1808年拉古萨共和国在拿破仑政府的压迫下灭亡，1776年，它是第一个支持美国独立的政权）。就像我们看到的，有许许多多外国人（法国人、米兰人、拉古萨人）在威尼斯大展身手，比如1571年两本书的重印和另一本崭新的基督教仪式用书的出版。在书籍末页提到了这项工作是两个人合作完成的：一个叫作雅各布·德巴洛姆（Jakob Djebarom），他的身份成谜，关于他的猜测无数，却从未有过确切答案；另一个是来自锡拉库扎人安布罗卓·科尔索（Ambrosio Corso），早在十年前他就因为售卖乌克维奇版书籍而为人所知。对于几乎整个威尼斯出版业来说，17世纪都是一场噩梦，然而波斯尼亚语书籍却在这时迎来了春天，尤其是马蒂亚·迪乌克维奇（Matija Divković）的作品。迪乌克维奇来自雅拉斯科，是一位方济各会修士，他之后在萨拉热窝成为教堂神父。直到1716年，不断有西里尔字母的波斯尼亚文书籍在威尼斯付印；然而在潟湖地区，这些书只有极少量的几本被保存下来，这也证明了这份产业完全面向出口市场。[204]

现在，我们来看巴尔干半岛上最大的语言群体——塞尔维亚语族群。相较于对克罗地亚人或对波斯尼亚人的影响，威尼斯印刷业对塞尔维亚人的影响更大。这里还要加上一点政治原因：威尼斯为塞尔维亚东正教教徒印刷仪式用书，意在支持他们的独立解放运动，因为奥斯曼帝国侵占了塞尔维亚国土

（1389年6月28日科索沃战争爆发，自此塞尔维亚逐步沦陷，这一天是圣维托日，是记载在许多塞尔维亚史诗中的日子，也是塞尔维亚民族主义兴起的日子）[1]。1496年，土耳其人占据了塞尔维亚东正教区的最后一片自由领土——泽塔公国（今天的黑山），这里是波西达尔·乌克维奇（Božidar Vuković）的故乡，此时他正好30岁，是贵族家庭子孙。他出生在波德戈里察（Podgorica）附近，曾在杜拉伊·科诺耶维奇（Djuraj Crnojević）的印刷工坊里工作。乌克维奇很有可能曾在总督伊凡·科诺耶维奇（Ivan Crnojević）麾下担任高级官员，但他不愿向侵略者低头，因此决定逃离首都采蒂涅。乌克维奇辗转至威尼斯，决心在这里完成一项任务：为被奥斯曼军队劫掠的东正教教堂提供仪式用书。大约在1519年他印刷了自己的第一本书，1540年印刷了最后一本书，在这20年的时间里，威尼斯变成了"塞尔维亚语基督教仪式用书最重要的印刷中心之一"[205]。之后他的儿子文森克（Vićenco，有时也拼写成Vicentije）子承父业，又将印刷活动延伸了几年。很长一段时间里，世界上只有一座塞尔维亚印刷坊，直到17世纪中期它才关门歇业。乌克维奇的印刷坊成为塞尔维亚东正教会最大的供书商，销售网络

[1] 科索沃战争的胜负至今未有定论，虽然塞尔维亚自此逐渐丢失自治权，但是这场战役激发了塞尔维亚民族主义，骁勇善战的士兵也被作为主角写进许多中世纪塞尔维亚史诗中，因此作者说这一天是史诗之日，也是塞尔维亚民族主义奠基之日。——译者注

从亚得里亚海靠近达尔马提亚和阿尔巴尼亚一岸延伸至巴尔干半岛腹地。

时间进入19世纪，塞尔维亚最重要的文化中心都不在它本国的国土上，而是在希腊（阿索斯山）和匈牙利（伏伊伏丁那省的斯雷姆斯基卡尔洛夫奇和诺威萨，第一次世界大战过后，伏伊伏丁那省归属塞尔维亚），还有位于布达佩斯、维也纳和威尼斯的东正教社区；威尼斯是塞尔维亚文化所及的最西端。

乌克维奇娶了一位威尼斯女郎，并换用妻子的姓氏，改名为迪奥尼索·德拉·维奇亚（Dioniso Della Vecchia）。他的儿子文森克在接手印刷事业的前几年里只局限于重印父亲的作品，但在1561年他与史蒂芬·马林诺维奇（Stefan Marinović）合作——史蒂芬来自威尼斯属阿尔巴尼亚的斯库台——出版了自己的第一部重要作品。但小乌克维奇无法像他父亲一样维持盈利，因此他把工坊转卖给一位1560年到达威尼斯的保加利亚商人雅科夫·克拉约克夫（Jakov Krajkov）。雅科夫印制了四版书，1572年他又将印刷坊卖给了朱塞佩·安东尼奥·拉姆帕泽托（Giuseppe Antonio Rampazzetto），1597年朱塞佩出版了16世纪最后一本用西里尔字母印刷的威尼斯图书。

17世纪，威尼斯只出版了一本西里尔字母基督教图书——这本书诞生于1638年——因为威尼斯的西里尔文字印刷业被教宗额我略十三世（Gregorio xiii）创办的多语种印刷厂所替代。

直到18世纪时，威尼斯才扳回一城，这要多亏希腊印刷商德梅特里欧·特奥多西（Demetrio Teodosio）出版的希腊语、亚美尼亚语和卡拉曼里语（用希腊文书写的土耳其语，我们会在接下来的章节中讲到）作品，之后他还购买了西里尔文活字，开始为斯拉夫的东正教信徒印刷书籍。

这里还有最后一件事，请读者注意：如您所见，当克罗地亚的目录学学者试图将威尼斯的格拉哥里字母印刷业“克罗地亚化”时，塞尔维亚人承认威尼斯共和国的印刷产业为本国文化作出了巨大贡献。“应该强调的是，不管威尼斯人为何要推动我们印刷业的发展，客观上来讲，他们帮了我们一个大忙：首先，15世纪的最后十年，印刷艺术攀上了新的高峰，在威尼斯人的帮助下，我们有幸进入了印刷大师的圈子里；其次，在我们被土耳其人奴役时，印制的书籍保留了我们的国籍，让我们的文字、精神文化和时代文化得以发展”[206]。

第七章

土地与战争

带领西班牙人发现美洲的是热那亚人克里斯托弗·哥伦布（Cristoforo Colombo），为新大陆命名的是佛罗伦萨人亚美利哥·韦斯普奇（Amerigo Vespucci）；在威尼斯人乔瓦尼·卡博托（Giovanni Caboto）的指挥下，英国人发现了加拿大；环球航行的是葡萄牙人没错，但把这次航行写成报告的是来自威尼斯共和国的维琴察人安东尼奥·皮加费塔（Antonio Pigafetta）。在这个时代里，威尼斯不是发财致富的宝地，却有最具智慧的大脑，欧洲的老地中海区域仍然活跃在地理发现和航线绘制中。威尼斯人在传播新大陆的讯息上扮演了重要角色，当然，对于欧洲旧大陆，他们也一视同仁。

圣马可在航海历史中的重要地位无可争辩，光凭命名“玫瑰风图”这一条就足够证明。他们将克里特岛西北方向地中海上的一个不确切的点作为基点，确认风吹来的方向：如果风是从“原点”（Maestra）——威尼斯吹来的，那么它就叫“原点风”（不过这种叫法没有得到一致认可，因为有人认为原点应该是罗马，但这些在黎凡特地区的海面上乘风破浪的小船不可能属于教皇，因此这种说法很容易被驳倒）。有些威尼斯人已经把目光投向海外，比如尼克拉·泽恩和安东尼奥·泽恩这对兄弟（Nicolò e Antonio Zen），14世纪末，他们乘船至北大西洋，到达了法罗群岛、冰岛，可能还有格陵兰岛，位于新大陆的加拿大海岸或许就在他们眼前；除了泽恩兄弟以外还有阿尔维塞·卡达莫斯托（Alvise da Mosto或Alvise Cadamosto），1455年他从自己位于威尼斯大运河上的豪宅（直到今天还存在）出发，带领一队葡萄牙人发现了非洲西岸的佛得角，又沿着塞内加尔河溯流而上。也有人顺着相反的方向航行，比如基奥贾人尼科洛·达·康提（Nicolò de'Conti），1421年他到达苏门答腊岛，之后又来到缅甸和越南（或许有读者朋友好奇，他的这段旅程是如何被我们所知的呢？其中的故事十分有趣：康提一度皈依伊斯兰教，之后又回心转意做起基督教徒，教宗恩仁四世为了惩罚他的叛教行为，命令他将冒险经历口述给教宗秘书——人文学者波焦·布拉乔利尼，让波焦代为执笔记录下来）。

在海上航行一定少不了地图，而地图对于战争来说也是必备品：我们知道，地形，实际上也是一门战争科学。这解释了为何船坚炮利的威尼斯能在印刷业和军事工业上傲视群雄，它在军事领域几乎处于垄断地位，印刷业界又是无可争议的王者。当时地图印制引发了一阵全民狂热，一场真真正正的“地图热（map-mania）在那时到达顶峰，不仅仅是专业的制图人，普通读者也参与其中。由于缺乏版权保护，成百上千的地图被复制、修改或者被简单地取走最感兴趣的部分”[207]。

世界上第一篇出版的地理学论著是1550年乔万尼·巴蒂斯塔·拉穆西奥（Giovanni Battista Ramusio）的《航海与旅行》（*Navigationi e viaggi*）。这本书是“第一本历史文献合集，并非法律条令杂乱无章的集合，它也是第一本地理史记录和旅行日志，为今后的同类书籍提供了范本，如果不能说它是第一本——第一本是1532年在巴塞尔出版的《新航线》（*Novus Orbis*）——那至少也是第二本开辟了新文学派别的作品，我们还没有为它找到更恰当的定义，暂且称呼它为‘旅行叙事文’”[208]。这一类作品如雨后春笋般涌现，拉穆西奥的这一本并不是其中任意的一本，而是长久以来凝结精华的集大成之作，它的出现证明了威尼斯成为“地理发现书籍——至少是在意大利的——扩散中心”[209]。

在印刷术为制图业带来生机活力之前，威尼斯人就已经开始从事这项事业了。百年间，他们为地理学的发展作出了巨大贡献，“这不仅是因为威尼斯商人贸易活动的范围广阔，还因为威尼斯城作为经济中心和文化中心具有非凡的吸引力”[210]。威尼斯在这个领域没有能与之抗衡的对手。举个例子，威尼斯共和国驻马德里大使，一位康塔里尼家族的成员，是“唯一一个能解释清楚麦哲伦环球航行的一天中产生了什么损失的人”[211]。

现在让我们回到 1275 年的威尼斯，某个叫宝利诺·米诺利达（Paolino Minorita）的婴儿降生于世，他长大后将会成为波佐利（邻近那不勒斯的一座城市）的主教，在他的《世界地图》（*De Mapa Mundi*）中，宝利诺绘制了一幅平面球体图并将欧洲置于海水中央。15 世纪头十年，威尼斯人安德莱亚·比扬克（Andrea Bianco）绘制了多幅航海图，并附上一系列注释以让“三角函数的一些计算规则适用于航海系统”[212]。在第七幅图中，“他画的是中北欧地区，除了挪威以外，其他一些岛屿也出现在了地图上，这是前人从未做到过的，也许比扬克借用了泽恩兄弟在航行中收集的信息”[213]。但这几年间，毋庸置疑的先驱人物当属毛罗修士。大约 15 世纪中期，在圣米凯莱卡姆多斯会修道院中（1987 年，正是在这里第一版《古兰经》结束了它长达几个世纪的沉眠）毛罗修士绘制了“中世纪最伟大的地图”[214]，也就是他的世界地图，这幅地图装饰繁复、注释颇多，只有一份幸存下来并被保存在威尼斯的圣马可图书馆中。这张地图并不是他唯一的作品：他很有可能是为某个制图研究室工作，这个研究室除他之外还有其他成员（比如前几行提到过的安德莱亚·比扬克），“葡萄牙国王阿方索五世订购过另一张世界地图，1459 年这份地图被寄出”[215]。同年毛罗修士逝世。

与此同时，我们进入了地理大发现时期。正如我们讲到过的，是西班牙人和葡萄牙人完成了这项伟业，威尼斯人则被淘汰出局，面对重新洗牌的世界格局，他们感到满心讶异。1504年2月，高悬飞狮旗的圣马可商船从埃及的亚历山大港空手而归，因为葡萄牙人绕着非洲转了一大圈之后将所有香料通通买空（不过这并不是什么致命的打击，几年之后，这些香料就如以往一样在威尼斯港口流通买卖）。威尼斯人一边观察，一边在边缘地带继续做生意，他们错误地以为伊比利亚人也像他们曾经打过交道的东方人一样，在两方的贸易角力之间终究会找到一种平衡（然而大不列颠人前来搅局，将地中海地区彻底踢出了游戏）。

威尼斯共和国并没有迅速成为地理知识的传播中心：似乎克里斯托弗·哥伦布前几次远赴大西洋另一端的时候，印刷商们还没有准备好。1493年2月，哥伦布用西班牙语写的一封信将发现新大陆的消息带回了欧洲——那时他的船还没有回港——这封信的收信人是路易斯·德·桑塔吉尔（Luis de Santángel），阿拉贡联合王国的财政大臣兼本次航行的主要赞助者。卡斯蒂利亚女王伊莎贝拉一世为了确保对新大陆的所有权，命人将信件翻译成拉丁语，1943年5月在罗马付印。截止到1944年，这封信共有九个版本，分别在罗马、巴黎、巴塞尔、安特卫普付印，1497年德语版本诞生，而欧洲北部几乎没有参与到这次地理发现中来[216]。哥伦布进行最后一次航行时（1502 年 5 月—1504 年 11 月），圣马可共和国登上了历史的舞台。关于这次航行唯一的消息来源是 1503 年 7 月 7 日航海家在牙买加写给西班牙统治者的一封信件，这封信先是以手稿的形式流传，1505 年，它的首份印刷版在威尼斯面世。如果说印刷商们只是想要重新找回自己的地位，那么外交官们则立刻明白了哥伦布的这项事业具有划时代的意义。威尼斯政府迫切想要知道西班牙人的进展如何，1501 年威尼斯共和国驻马德里宫廷使者多美尼加 · 比萨尼（Domenico Pisani）的秘书安杰罗 · 特莱维桑（Angelo Trevisan）起到了关键性的作用。他复制了哥伦布信件的副本，并在哥伦布本人的大力协助下订购了一份美洲海岸的地图寄回祖国，他与哥伦布建立了“深厚的友谊”，从这位航海家口中得知了许多第一手情报，并把这些情报写进了信里寄回威尼斯。特莱维桑说：“那时哥伦布处境艰难，与西班牙王室的关系恶劣，拿到的钱也很少。”[217]这番话让我们不禁猜测，这位热那亚航海家没准从威尼斯得到了一笔厚礼渡过难关。特莱维桑的信件被收录在一本作者不详的书中，并在威尼斯出版，这本书叫作《西班牙航海故事与新发现的岛屿和大陆》（*Libretto di tutta la navigatione de'Re de Spagna de le isole et terreni novamenti trovati*），印刷者是阿尔贝蒂诺 · 维切莱斯（Albertino Vercellese），来自布里安扎省中心的利索内，距米兰不远。但哥伦布本人写的东西却少有流传（直到 19 世纪，他的书信手稿才被人们捧上神坛）。印刷业的小小成就所导致的直接结果就是美洲被叫作“亚美利加”而不是“哥伦比亚”。

如果今天有人提问“是谁发现了美洲新大陆？”答案肯定是克里斯托弗·哥伦布。但同样的问题如果放在 16 世纪，答案就会变成亚美利哥·韦斯普奇。事实上，正是韦斯普奇的一封信件，让发现新大陆的消息传遍欧洲，这封信是“文艺复兴时期广为流传的文章之一”[218]，最普及的版本是在威尼斯共和国的维琴察印制。1502 年，韦斯普奇写信给佛罗伦萨驻法国大使洛伦佐·美第奇（Lorenzo de'Medici），信件被立刻翻译成拉丁语并附标题《新世界》先后在巴黎（1503 年）和威尼斯（1504 年）印刷；截至 1506 年，这封信共有 11 个版本，16 世纪上半叶共有 50 多个版本出现。美洲横空出世。在德国，由于马丁·瓦尔德泽米勒（Martin Waldseemüller）不遗余力的宣传，韦斯普奇比哥伦布的知名度要高许多，1507 年米勒在《宇宙简介》（*Cosmographiae Introductio*）中收录了韦斯普奇的《四次航行》（*Quator Navigationes*），他还为这篇文章撰写了一则概要：“世界的四分之一都是由亚美利哥·韦斯普奇发现的。我认为新大陆的名字应当是‘Ameriga’——‘亚美利哥的土地’，或是‘America’——以发现者的名字命名”[219]。美洲的名字就这样被确定下来，但想要让整个世界分享这份喜悦，就需要把消息传播出去。维琴察学者弗朗康齐奥·达·蒙塔博多（Fracanzio da Montalboddo）担起了这项任务，1507年他在维琴察出版了一部题为《新世界与亚美利哥·韦斯普奇发现的新大陆》(*Mondo Novo e novamente ritrovati da Alberico Vesputio fiorentino*）的作品，这一套书共有六卷，在第五卷中他重印了韦斯普奇的信件。蒙塔博多和瓦尔德泽米勒的作品成为文艺复兴前期地理学家的主要信息来源。“维琴察出品的这套书，忽略了哥伦布的第四次航行，将功勋和荣誉全都授予了韦斯普奇”[220]。因此，美洲之所以叫美洲，既是因为德国人一门心思地认定了韦斯普奇的功绩，又是因为威尼斯举世无双的印刷技术保证了消息的传播。“威尼斯为出版业与地理发现的结合提供了最有利的条件”[221]。

当时的欧洲，人人都渴望多了解一些地理探索的知识，而威尼斯就是知识传播的中心。1492—1550年意大利共出版了98部与新大陆相关的作品，威尼斯印刷了其中的50部，位列第二的罗马只印刷了15部[222]。银行的回执单与派驻葡萄牙和西班牙宫廷使者的往来信件同样记载着一次次地理发现，那时唯一一个既有雄厚财力又有卓越外交实力的国家就是威尼斯共和国。“组织航海旅行的大国（西班牙、葡萄牙）失去了对一手消息的发言权。而意大利似乎成为了这个领域的信息源”[223]。排在威尼斯和意大利之后的是德国和法国，此时还悄无声息的英国到16世纪下半叶就会加入对局。

世界上的第一本岛屿图志在1528年诞生，作者是本尼迪特·伯通（Benedetto Bordon或Bordone）。1450年左右，伯通在一个新式家庭出生，他多才多艺：除了是一位优秀的地理学家，他还是杰出的画家，在袖珍画和地图绘制方面颇有造诣（我们是通过他的遗嘱才知道他的画作的，可惜这些作品已经遗失了。但作为一名袖珍画家，我们已经在第二章中谈论过他了，他与阿尔多·马努齐奥合作，《寻爱绮梦》中的木版画就出自他之手）。大约在世纪末，他搬家到威尼斯并在这里一直生活到1530年2月，也就是他去世前夕。伯通有三个女儿和两个儿子，其中一个很有可能是著名的语文学家朱利叶斯·凯撒·斯卡利格（Giulio Cesare Scaligero）[224]。1508年，本尼迪特·伯通申请执照印刷《意大利诸省》（*Tuta la provincia de Italia*）（已遗失）中的一系列木版画，还有一张“圆球形状”的世界地图。20年之后的1528年，他最著名的作品问世。伯通将《本尼迪特·伯通的世界岛屿物语》（*Libro di Benedetto Bordone nel qual si ragiona de tutte le isole del mondo*）一书赠给他的侄子巴尔达萨莱（Baldassarre），后者大概是一名随军医生，曾“站在威尼斯大公与天主教皇雄伟的军舰上”游遍地中海。这本书满是“迷信和胡扯，没有几句可信的话”[225]，第一次重版时，伯通将书名中的“物语”一词改为了“岛屿图志”（Isolario）[1]，到1547年的头二十年为止，这本书总共印刷了5版。除了将“Isolario（岛屿图志）”一词加入字典以外，这本书还有另一份功劳：作者将北美的一片区域称为“劳工之地（Terra del laboratore）”，用来纪念在这片土地上劳作的奴隶们，慢慢地，这里的名字就变成了“拉布拉多（Labrador）”。

作品出版两年之后，伯通在一如既往的清贫中与世长辞，1534年《千岛之书》第一次再版，可惜这份成功他永远也无法看到了。但他的航海图和城市规划图将带来巨大的财富。同时他所犯的错误也是很明显的，比如他笔下的巴西是一个比亚速尔群岛大不了多少的小岛屿，北美则被画成支离破碎的群岛，尽管如此伯通仍是第一个将弗朗西斯科·皮萨罗（Francisco Pizarro）所征服的秘鲁画进地图的人，他为“绝美之城”特诺奇蒂特兰（Tenochtitlán）绘制了一幅城市景观图，图中央是一座清晰可见的金字塔。这幅画的依据可能是埃尔南·科尔特斯（Hernan Cortés）所作的报告，尼克罗·里布尼奥（Nicolò Liburnio）将它翻译成意大利语并于1524年在威尼斯出版（两年前在米兰也出版过一份匿名翻译稿）。如今的墨西哥城，当时被特斯科科湖的湖水包围，完美符合“岛屿”的概念。伯通

[1] 更改后的书名为《本尼迪特·伯通的世界岛屿图志》，简称《千岛之书》（*Isolario*）。——译者注

在书中还描绘了一些骇人听闻的场景，比如靠近古巴的食人岛，岛上的食人族常常突袭临近岛屿，抓捕岛上居民“并把他们杀害、烹饪、吃掉”，但被吃掉的只是男人，食人族会把女人掳走，让她们怀孕，等她们诞下孩子之后再把孩子吃掉，细皮嫩肉的婴儿明显比皮糙肉厚的成人美味得多。各位读者别担心，在下一个章节里，他对西西里、马耳他和伊斯基亚的描写就令人安心多了。

斐迪南·麦哲伦（Ferdinando Magellano）的环球航行报告是由维琴察人安东尼奥·皮加费塔（Antonio Pigafetta）执笔的，他通篇使用法语，目的是将这份报告献给罗得骑士团的大团长菲利普·维勒·伊思亚当（Philippe de Villiers de l'Isle-Adam）。马克西米兰·特兰西瓦拉斯（Maximilianus Transylvanus）在皮加费塔的叙述上添添补补，1536 年以两人的名义在威尼斯出版《西班牙人的环球航行》（*Il viaggio fatto da gli Spagniuoli a torno a'l mondo*），收获了名气与赞誉（麦哲伦虽是葡萄牙人，他的航行却是由西班牙王室赞助的）。

我们之前讲过外交机构在收集信息方面所发挥的重要作用，同时也不能忽略威尼斯共和国私下里卓有成效的秘密活动，或许这时正是情报机构最活跃的时期，消息网络四通八达，线人遍布各地，源源不断地向首都输送最新消息。前文提到的大使多美尼加·比萨尼，除了利用特莱维桑的人脉和作品，他还把乔凡·马蒂奥·克莱蒂可（Giovan Matteo Cretico）派到里斯本，让他汇报西班牙人在印度的所作所为。那些年里留存下“无数驻外使节在伊比利亚半岛所做的汇报书。每一份报告都牵扯到一系列东印度群岛或西印度群岛发生的新鲜事”[226]。大使们不仅委派下属收集素材，有时甚至会亲自出马，比如1501年时任驻葡萄牙大使的彼得·帕斯卡利高（Pietro Pasqualigo）和驻西班牙大使安德莱亚·纳瓦杰罗（Andrea Navagero）。后者为乔万尼·巴蒂斯塔·拉穆西奥的《航海与旅行》（*Navigationi e viaggi*）提供了信息源。

乔万尼·巴蒂斯塔的父亲保罗，在15世纪下半叶从里米尼搬到威尼斯，彼时威尼斯共和国正试图攻陷罗马涅海岸。1485年乔万尼·巴蒂斯塔出生，1505年他进入执政官官邸担任秘书，从此开启了辉煌的职业生涯，1515年他升职为参议院秘书，1533年进入十人团。他云游四方，曾跟随阿尔维瑟·默切尼哥大使（Alvise Mocenigo）出访法国，后来又去了瑞士、罗马，甚至可能还有非洲。他对地理学的热情是种种巧合与政治任务擦出的火花。“1530年，一位叫作大卫的犹太人，声称自己是国王的儿子，他在威尼斯为犹太人布道，许诺他们重回‘应许之地’。拉穆西奥领命前去调查大卫，并在必要时揭穿他的真面目。他与大卫交谈，并把报告发回参议院：‘大卫约40岁……干瘪瘦小……十分富有，丝绸珠宝加身，典型的东方长相’。拉穆西奥似乎给大卫留下了不错的印象：他对《圣经》有独到的见解，也是一位出色的骑手和战士”[227]。这位犹太人在七年之中游走于欧洲和非洲的各个宫廷之间，拉穆西奥并没有将他当作一个自吹自擂的骗子，正相反，他对大卫，尤其是对大卫所游历过的土地有着浓厚的兴趣。他开始对异邦文学产生热情，甚至连参议院都要向他请教专业意见。拉穆西奥与皮埃特罗·本博是旧友，“本博也对地理学饶有兴趣，他藏有好些珍贵的世界地图和星盘，这在当时的文人圈算是一种流行风尚”[228]，1495年，他出版了一部地理学著作《埃特纳记事》（*De Aetna*），这本书是他“游览（西西里）火山之时的直接观察成果”[229]。

拉穆西奥的学者朋友们也跟他一样，“对地理发现，以及地理发现对地球认知和自然现象认知所作的贡献充满兴趣”[230]，但拉穆西奥的与众不同之处在于出身和所获的文学荣誉。他是参议院秘书，又在宇宙学、地理学和历史方面卓有建树，对威尼斯统治阶级来说，拉穆西奥要讨人喜欢得多，而他“游手好闲”的朋友们，将时间荒废在文学和诗歌上，既不亲登甲板扬帆远航，也无心打点生意赚取钱财。

拉穆西奥还有意在塞巴斯蒂安·卡伯特（Sebastiano Caboto）和威尼斯权贵之间牵线搭桥。塞巴斯蒂安是探险家约翰·卡伯特之子，他希望能将自己的天分用在航海事业上，为祖国效力，从大不列颠“跳槽”到威尼斯共和国。他想亲自前往威尼斯展示自己的航海计划，但拉穆西奥没能成功说服当权者，他愤愤不平地认为世人皆对崇高理想冷眼相待，探索新大陆“只为满足自己的贪婪和欲望”[231]。尽管如此，塞巴斯蒂安和拉穆西奥的友谊依旧坚不可摧，前者还委托后者保管自己在威尼斯的财产。[232]

拉穆西奥作为地理学家声名远播还要仰仗威尼斯大公交给他的一项任务：绘制装饰总督宫大堂的四幅地图。这些地图不仅仅是装饰品，它们还向在大堂里等候召见的外国来宾展示共和国的宏伟壮丽和威尼斯的都城风范。关于这些地图最早的消息要追溯到1339年，当时的执政官是弗朗切斯科·丹多洛（Francesco Dandolo），乔万尼·巴蒂斯塔·拉穆西奥的任务是与雅各布·卡斯塔尔第（Jacopo Castaldi）一起重新绘制它们。这四幅大地图（大亚细亚、小亚细亚、非洲和欧洲）仍然待在原来的位置上，不过拉穆西奥如今只是挂名作者——岁月磨洗，丹青半褪——1762年弗朗西斯科·格里瑟琳尼（Francesco Grisellini）重新绘制了它们。

拉穆西奥初涉印刷界的身份是一名地理书籍翻译。1534年，他翻译并出版了“皮萨罗的一名无名随从所写的秘鲁征服报告，这份报告与弗朗西斯科·赫勒兹的另一篇记述杂糅合并”[233]，有些学者认为两年之后皮加费塔所著报告的翻译稿也出自拉穆西奥之手。与此同时，拉穆西奥想尽办法将各种地理日志弄到手。我们之前提到过的纳瓦杰罗就是一位慷慨的供给者。除此之外，威尼斯驻弗拉芒查理五世宫廷的使者弗朗西斯科·康塔里尼（Francesco Contarini）给拉穆西奥带来了乔弗里·德·维安东（Geoffroy de Villehardouin）用古法语记述的君士坦丁堡贡献实录；墨西哥总督安东尼奥·德·门多萨的兄弟——驻威尼斯西班牙大使乌尔塔多·德·门多萨（Diego Hurtado de Mendoza），赠予拉穆西奥一份关于阿兹特克帝国最后一任君主蒙特苏马二世的报告书；圣多明各要塞司令与印度群岛史学家贡萨洛·费尔南德斯·德·奥维耶多（Gonzalo Fernández de Oviedo）也为他提供了不少材料。

拉穆西奥负责推出了奥维耶多《简文精要》（*Sumario*）的意大利语初版，之后它与《历史概况》（*Historia general*）一同并入《航海》（*Navigationi*）的第三卷中并被再版[234]。作为一个不折不扣的威尼斯人，拉穆西奥的血管里也流淌着经商基因。他与奥维耶多（但两人从未亲自见面）还有圣马可行政长官（在威尼斯共和国仅次于执政官的第二高职位）安东尼奥·普琉利（Antonio Priuli）合伙销售东印度群岛的商品（“酒和糖”）。合同一份存于圣多明各，一份存于威尼斯，这笔生意后续如何我们无从知晓，因为公证人彼得·巴多利（Pietro de'Bartoli）的案卷在一场火灾中化为灰烬[235]。唯一一点可以确认的是，拉穆西奥将要继承的土地翻了三倍：大洋彼岸的产业很有可能是进账的源头，但这也只是一种猜测。

作品出版之前，收集资料的工作持续了20余年。最终呈现在我们面前的就是《帆船与旅行》："从南到北、从古至今，不同国家的不同作者书写的整整65份旅行日志从世界的各个角落飞抵拉穆西奥手中，它们被有序编排成三卷书推向市场。"[236]《帆航与旅行》（*Navigationi e viaggi*）系列的三本书分别在1550年、1559年（拉穆西奥去世两年之后）和1556年面世，读者可能会对错位的出版顺序感到诧异，事实上第二卷书的出版工作已经准备就绪，但突如其来的一场大火摧毁了托马斯·琼达（Tommaso Giunta）的印刷工坊，也将这本书付之一炬。在几封书信中我们能找到一些蛛丝马迹，证明这套书其实还有未曾出版的第四卷[237]。除此之外，拉穆西奥习惯于匿名出版作品，直到第二卷书出版以及他去世之后，出版社才向读者揭开了他神秘的面纱。

第一本书沿着麦哲伦的航海路线，围绕非洲、马鲁古群岛和日本展开。这本书也是再版最多的一本，它激起了威尼斯人的爱国心，因为本书讲述的是"威尼斯经济的支柱产业——印度香料和非洲黄金的历史"[238]。书中字里行间都透露着"一种担忧，这种担忧的情绪在当时的威尼斯城中无限蔓延，人们害怕这项为共和国世世代代献力献财的买卖半途殒命"[239]。第二本书的主角是亚洲大陆，波斯、中国、莫斯科大公国和斯堪的纳维亚。这卷书抄录了马可·波罗的《马可·波罗游记》（*Milione*），强调了马可·波罗，以及在之前几个世纪里前往东方的威尼斯商人的贡献。第三本书讲的是新大陆的故事，同样这本书也没有激起什么水花，大概因为威尼斯以及整个意大利半岛都感觉不到与新世界的共鸣。这本书出版于16世纪中期，此时“地中海地区和黎凡特地区对威尼斯经济所作的贡献愈加显著”[240]。第四本书原本打算聚焦南美（从第三本书中抽出这个话题）和神秘的南半球大陆，关于南半球，人们一直相信它的存在，可却从未有人发现过它。

《帆船与旅行》在欧洲广为流传。“举个例子，法国人发现了圣罗伦斯湾，拉穆西奥在第三册书中对于这一事件的记录比雅克·卡蒂埃（Jacques Cartier）所写的《简述》（*Brief Récit*）要详尽清晰得多”[241]，卡蒂埃正是1534年发现了这片土地的法国航海家。在编写这套图书时，拉穆西奥开创了一种新思路，那就是不按照时间顺序，而是以空间为基准，“也不是按照一块块大陆组织章节，而是将同种族占有地写在一处”[242]。除此之外，这位世界上第一篇历史地理论著的作者颠覆了人们对世界的认知：“威尼斯人，自诩为生活在海上的臣民，他们眼中的世界不是被海洋包裹的陆地，而是零星点缀陆地的海洋。”[243]

《帆船与旅行》的轰动背后还有一个原因，那就是“这套书是用白话文出版，当时科学界的通用语言是拉丁语”[244]，大概作者本人也觉得用拉丁语写作更加得心应手。用现在的话说，拉穆西奥包装出一份面向“大众市场”的产品，注定要成为意大利标准语的托斯卡纳白话文，在当时的欧洲十分普及。拉穆西奥收集的材料直到19世纪依然是世界上某些地方（沙特阿拉伯、北非）的行文典范。在他之后，旅行日志填满了各大图书馆，然而再也没有人能像他一样将零零散散的文稿有机整合。

得益于拉穆西奥的作品，威尼斯成为了地图制作和贩售中心，“各个书店也功不可没，其中有些书店的位置还被标注在了地图上。在这段时期里，大型出版社逐渐成形，身兼印刷工与出版商的米凯莱·特莱美奇诺（Michele Tramezzino）与他的兄弟合作，不仅在威尼斯拥有一座以预言女巫（Sibilla）为标志的书店，还在罗马开设了另外一家书店”[245]。现代意义上的第一批地图册也应时而生，“1568年印刷商博洛尼诺·扎尔特里（Bolognino Zaltieri）在威尼斯制作了一本包含50多张的城市景观图的图册，他似乎还做过一本真真正正的地图册，可惜没有余本存世”[246]。在16世纪的威尼斯，几乎所有雕刻师和印刷工都在为“意大利最著名的制图师——贾科莫·盖斯托迪（Giacomo Gastaldi）”[247]工作。盖斯托迪是来自薇拉弗朗卡（Villafranca）的皮埃蒙特人，1539年他搬到威尼斯并在这里一直生活到1566

年去世。他被任命为共和国的宇宙学家。1548 年他出版了克劳狄乌斯 · 托勒密（Tolomeo）的《地理学指南》（*Geographia*），其中包括 26 幅托勒密地图和 34 幅全新的地图。

“1485 年，拉穆西奥刚刚出生，葡萄牙人还没有到达好望角，距离哥伦布误打误撞踏足世界上的第四块大陆还有七年。1557 年，拉穆西奥去世，地图样式焕然一新。在此期间——在世界映像改头换面的半个世纪里——乔万尼 · 巴蒂斯塔 · 拉穆西奥是首屈一指的史学家”[248]。但无上的荣光和热闹的生意短暂如烟，转瞬而逝。“16 世纪后期，与共和国国力式微相对照的是威尼斯地理学和制图业由盛转衰。地理大发现开辟了通往新大陆的路途，使得克瓦内尔湾被渐渐边缘化，今天仍然处在一个尴尬的地位上”[249]。“英国人理查德 · 哈克卢伊特（Richard Hakluyt）将拉穆西奥的遗产一一收存：他的作品《航海准则》（*Principal Navigations*）在英国大败西班牙无敌舰队之后立即出版，开启了欧洲扩张的新篇章”[250]。风云变幻，威尼斯手中的权杖终于还是被英格兰夺去。

我们开篇便讲了制图业与战争密不可分。不管是陆战还是海战都离不开地图。16 世纪的威尼斯可不像今人想象的一般，是一个只有提香（Tiziano）、丁托列托（Tintoretto）、委罗内塞（Veronese）、桑索维诺（Sansovino）和帕拉迪奥（Palladio）的城市，一座艺术的摇篮，它同时还掌握着强大的军事力量，甚至称得上是那个时代的超级大国。威尼斯的海军无往不利：土耳其军队只有在人数悬殊的情况下才有可能打败威尼斯人，依靠智勇双全的指挥官和百发百中的炮手，威尼斯军队打遍天下无敌手。不仅海军所向披靡，威尼斯陆军部队也是一块硬骨头，我们之前已经讲过了，为了阻止威尼斯军队兵临米兰城，当时的列强不得不联起手来与之抗衡。

威尼斯作为当时的超级大国，若放在今天，可以拿美国类比。比如，与当时的其他国家多有不同，威尼斯人随身携带武器，威尼斯共和国亦是当时最重要的武器出口国之一。在布雷西亚，人们锻造胸甲、剑鞘、矛尖，甚至组装火器；布雷西亚省境内的加尔多内瓦尔特龙皮亚、弗留利、蓬泰巴制造枪筒（加尔多内产贝瑞塔手枪直到今天仍然是世界上最重要的轻型武器之一）；维罗纳出产骑兵装备；布雷西亚北部的山谷和伊斯特拉半岛的莫托文负责切割炼造长矛矛杆和戟（一种矛头三叉，饰有两翼的长矛）。“威尼斯为数不多需要进口的是手枪和火绳枪的精妙封闭器、用以制造火药的硫黄和硝石、制造加农炮需要的铜”[251]。前文提过，威尼斯城主要制造轻武器（箭和剑），“铜制大炮交由威尼斯军械库熔造。军械库本库（后来被拿破仑洗劫一空）负责装配万名将士，它与精挑细选的十人议会军械库一同成为到访贵客的关注点。在利多举办的射击比赛吸引了至少 800 名来自社会各个阶层的人士参加”[252]。除此之外，在威尼托的城邦中，拥有武器是一件稀松平常的事情，在当时没有哪个政府能像威尼斯政府一样信任它的臣民。“之所以采取这种宽松的态度是因为船上没有人想要揭竿起义，从桨手到贵族人人全副武装以防海上的攻击”[253]。

如此庞大的武装力量势必要严加管控，因此“没有哪个统治阶级能像威尼斯贵族一样目标明确地处理军事问题”[254]。一般来说，贵族子弟教养良好，有阅读习惯。除此之外，他们轮流交替在军中任职，之后进入政界——参议院、十人议会、圣教团——决策局势，也一并带来成熟的军事经验。担任要务的贵族身边还有秘书和会计，他们也是受过教育的潜在读者。最后，我们不能忘记传统上组建地面部队最高指挥部的大陆贵族（威尼斯贵族则是在海上发号施令）。

上文解释了为何在国内市场军事材料的读者众多，甚至还没有将出于学习和法律目的阅读的人计算在内[255]。“1492—1570年间，威尼斯印刷了145部军事书籍，不算重印和再版作品，威尼斯印刷商制作了67部新书”[256]。在这段时间里，欧洲其他地方出版了64部书（除了威尼斯之外的意大利占据了大部分份额：22本，英格兰出版14本，法国出版10本）。“威尼斯在这个领域的霸权显而易见”[257]，但令人诧异的是海战书籍寥寥无几（也许是因为威尼斯人自认为在这方面已经没有什么需要学习的了）。当然，威尼斯出版业不仅仅在这个领域独占鳌头——

《圣经》、法律书籍、古典文集和翻译本、医学书籍、地理书籍同样应有尽有，其独特性究竟在何处呢？请各位读者听我解释："军事书籍不同寻常的高市场占有率并不是因为在这个领域出现了某位重量级学者，比如约翰·缪勒让纽伦堡成为了欧洲数学书籍的印刷中心；也不是因为出现了某位刺激需求的印刷商，比如阿尔多·马努齐奥在 16 世纪伊始以便宜价格兜售古典文集。"[258] 简而言之，军事书籍出版业是一项大买卖，各路印刷商争先恐后地投身其中试图分一杯羹，然而没人能真正在这个领域占据主导：53 部原版初版书（又有 10 部再版，4 部增添译本）由 31 位印刷商负责出版。只有一个叫作加百列·焦利多·费拉里（Gabriel Giolito de'Ferrari）的出版人印刷了 10 部书，但他还算不上军事书籍的专家，只是被描绘为"自 1514 年以来最活跃的威尼斯印刷商"[259]。

焦利多还为出版业贡献了一个前无古人的发明创造——19 世纪在书报亭成套出售的书籍的原型，当时人们称之为"文集"（collana），这一称呼沿用至今，焦利多则叫它"丛书"（ghirlanda），意为一系列装帧一致、连续出版的作品，与我们今天的概念毫无二致。1557—1570 年，他出版了"十三位希腊历史学家的译本和一套军事丛书"[260]，全部采用斜体字和相同开本。这一系列书最终成为收藏品，"可以装点你们的卧房"，焦利多如是说。这句话也确确实实应验了，两个世纪之后的 1773

年，其中一套书作为英国大使约瑟·斯密的藏品被放在市场上售卖，斯密是一位著名的收藏家，同时还是一位慧眼识人的伯乐，他使透视风景画派的威尼斯画家加纳莱托在伦敦大放异彩。

纵览战争书籍，威尼斯印刷商在军事建筑和防御工事的话题上占据"准垄断"[261]地位。我们面前是一个过渡时代，此时火炮在战斗中扮演重要角色，城市防御也是一个严峻问题。由高塔薄墙主导的垂直防御逐渐转变为可以抵御敌军重型火炮的尖顶堡垒和低矮厚墙。

16世纪，所有国家都在积极更新防御系统，"但不清楚是否有其他国家在这段时期像威尼斯一样拥有如此广泛并充分讨论过的重建计划"[262]。事实上威尼托境内所有的重要城市，除了维琴察以外，都重建了围墙并在墙上架设新式大炮。1499年土耳其人入侵弗留利〔1944年皮埃尔·保罗·帕索里尼将这一事件编写成《弗留利的土耳其人》（*I Turcs tal Friùl*）〕，在圣马可钟楼的顶端就能看见营地的火光，因此当局决定——虽然这个决定下得有些迟缓——建造要塞以防再有敌人侵略。1593年10月7日（勒班陀战役纪念日），第一座石制堡垒在帕尔马诺瓦建成。海港也有必要改造一番，达尔马提亚、爱琴海、塞浦路斯、克里特甚至还有威尼斯都配备了现代化防御设施。事情进展得越来越快，1554—1559年间，著名建筑家米凯莱·桑米凯利（Michele Sanmicheli）在圣安德莱岛修建了一座堡垒保卫利多港和潟湖（帕尔马诺瓦的碉堡从未投入使用，圣安德莱的碉堡只开过一次火，那就是1797年击沉一艘法国军舰，这艘军舰还有一个颇为讽刺的名字叫作Libérateur d'Italie，意为意大利解放者）；然而出于种种原因，指挥官多美尼加·皮萨马诺（Domenico Pizzamano）被缴送给法军，以取悦拿破仑。

在众多军事建筑作品的作家里，在“威尼斯军事书籍最尊贵的种类”[263]中，独缺著名建筑师安德烈亚·帕拉迪奥（Andrea Palladio）的身影，他对修筑堡垒毫无兴趣，而是专注于组织和操练军队。

帕拉迪奥不只停留在理论阶段，还将满腔热情赋诸实践，他专门组建了一支由勘探者和桨手组成的新兵，以他们的生命安全为代价进行“旧式训练”[264]。“一个修建别墅和教堂的建筑师也能插手军事演练，说明军事书籍拥有相对广泛的读者群体。研究战争艺术的学者也为威尼斯印刷业贡献了一份力量”[265]。

威尼斯不仅引领着防御工程书籍的出版，也推出了许多介绍枪炮的书籍，它在这一领域独占鳌头，“不需要重印别处印过的书籍”[266]。16世纪中期的三十余年中，只有两本介绍枪械的作品是在威尼斯以外的地方印制的，其中一本还是在布雷西亚，也就是在威尼托境内；另一本于1547年在纽伦堡出版。火炮研究涉及弹道学和数学方面的知识：“对数学的兴趣在意大利蔓延开来，尤其是在威尼斯，这门学科催生了探讨战争艺术的书籍"[267]，欧几里得（Euclide）作品的第一本拉丁语译本在1505年诞生，这绝非偶然。

对16世纪威尼斯的理论和装备有了大概认识之后，我们暂且一停，把目光转向那些没有被出版的书籍上，也就是涉及海战的书籍。这一事实"着实令人震惊，尤其考虑到不知有多少威尼斯人曾在船上日夜生活，曾持续作战或对抗海盗，曾跟随新船下水并给它添置装备"[268]。事实上，有一本书准备出版，但最终未能如愿。尽管它只有一份手稿，却还是引起了反响。这本书就是克里斯托弗·达·加纳尔（Cristoforo da Canal）的《海上民兵》（*Della militia maritima*）。加纳尔被称作16世纪"最出色、最好斗的威尼斯海军指挥官"[269]，他出身贵族阶级——当时的军舰指挥官一般都是由贵族出任——1510年出生，1562年在海战中受伤，伤情不治最终去世。除了曾在马拉诺拉古纳雷短暂任职之外，他一生都在船上度过。加纳尔是第一个用囚犯代替自由公民做桨手的指挥官，他还将整艘船的劳工都换成了囚犯。这一做法大获成功，以至于意大利语中原指船舰的"galera（现指监狱）"一词逐渐转变为"海上牢房"的意思。克里斯托弗·达·加纳尔直到去世也未能看见这本谈论海战的书籍出版，他不知道这本书"备受好评，可惜不曾付印"[270]。

关于战争的书籍独缺海战这一部分，原因之一在于远海战役是能避则避的，海军的主要目的是为陆上部队输派后援、补给军需。同时请各位读者也不要忘记军舰的威慑作用：威尼斯的船舰会冲到交火区域插上本国的旗帜，告诫敌军不要轻举妄动。直到一战时期，一种叫作“fleet in being”[1] 的海军战略还一直被运用于战场上。

[1] 存在舰队（Fleet in being）是海军战略理论之一，指一支海军舰队对某一片海域施加影响力，但从来不离开其主要港口。一旦离开港口，这支舰队就有可能在海战中被消灭，而不再能影响敌人的决策；但如果其一直停留在海港之内，敌人就不得不为了防备它而部署军事力量、甚至改变战略决策。存在舰队理论通常由在制海权争夺中较劣势的一方使用，是一种削弱敌人对特定海域控制力的方式，而不是主动夺取制海权的手段。——编者注

第八章

音乐出版业

一座琴音回荡、处处笙歌的城市只存在于人们的刻板印象中。仿佛16世纪的意大利，人人都应该弹着曼驼铃，高唱《我的太阳》。这种想法听来些许荒唐，但与真实情况所差无几。

德国画家阿尔布雷希特·丢勒（Albrecht Dürer）称当时的威尼斯人“精于艺术、通晓音律”[271]；难得一见的女性人文学家卡珊德拉·费德莱（Cassandra Fedele）成为著名的女诗人和音乐家。1533年安德烈·加布里埃利（Andrea Gabrieli）出生，他日后注定成为圣马可大教堂的管风琴师，他的侄子乔万尼也同他一样，被誉为16世纪最杰出的音乐家之一。

威尼斯人不仅擅长演奏，还喜爱歌唱。颤音唱法广为流传并流行了好几个世纪，当失眠的理查德·瓦格纳漫步在19世纪威尼斯的月光下，忽而传来贡多拉船夫悠远的歌声，他由此受到启发创作出《崔斯坦和伊索德》（*Tristano e Isotta*）第二幕的终曲。直到不久之前，威尼斯仍是一座充满歌声的城市：20世纪中期，送奶工哼着轻快的小调挨家挨户送牛奶，打桩工人一顿一挫的歌声伴着系船杆叮叮咚咚地打进河道里。唱歌的人多了，读书识谱的人也不少，因此乐谱歌集并不局限在精英人士的小圈子里，而是广泛流通在市面上。这说明，音乐出版物甫一推出，就拥有了巨大的潜在国内市场。要不然出版商早就另辟财路，放眼别处去了。

不像出版业的其他领域在短时间内迅速登顶，在威尼斯成为其无可争辩的大本营之前，音乐出版业还有很长一段曲折道路要走。两家叫作斯科特（Scotto）和加尔达诺（Gardano）的印刷店独自印刷了“超过2000本音乐书籍，这一数字比意大利和欧洲北部加起来的发行量还要多”[272]。这两位印刷商为整个音乐出版业打开了局面：“他们作出的商业贡献和带来的非凡作品，让斯科特和加尔达诺成为欧洲文艺复兴时期最重要的音乐出版社。”[273] 然而尽管被冠以“业界最强”的称号，斯科特和加尔达诺既不是最先印刷音乐书籍、也不是最先使用活字印制复调乐曲（比单声圣歌复杂得多）的出版社。音符活字的发明者叫作奥塔维亚诺·佩特鲁奇（Ottaviano Petrucci），他被人们称为“音乐界的古登堡”。

古登堡《圣经》出版后不久，音符印刷被迅速提上日程。几年之后，也就是1457年，还是在美茵茨，约翰尼斯·福斯特（Johann Fust）和彼得·舍费尔（Peter Schöffer）印刷了一本《赞美诗》，五线谱上的线用机器印刷，音符则是手工加上去的。后来，完全相反的印制程序渐渐成为主流，也就是说五线谱的线是手工绘制的，音符则采用活字印刷。第一次采用活字印刷音符是在1476年，某个叫作乌利齐·韩（Ulrich Han）的德国移民在罗马出版了一部弥撒书。书中的额我略圣咏[1]，相较于复调乐曲要简单得多：它的乐谱只有四条横线，音符的变化也更少。“印刷宗教仪式乐谱不算太难，因此这类音乐率先发展起来。相较于复调乐曲，圣歌简单易唱，音域相对较窄，节奏少有变化，为它的印制工作减少了许多负担”[274]。然而韩的弥撒书“并没有在音乐领域产生惊天动地的影响，毕竟他的木刻活字粗糙又劣质，大小规格都不尽相同”[275]。

“在所有的活字中，音符是最难制作的。它们符号特殊，需要极精巧的技艺，与其他活字又毫无共同之处。除此之外，在15世纪末到16世纪初的这段时间，通用的乐谱有好几种”[276]。宗教仪式音乐可以用三种不同的音符系统谱写：罗马流派、哥特流派和安布罗乔流派。按照习惯，先是将五线谱的横线印成红色，然后再把纸重新塞进印刷机印刷黑色的音符，但音符的符头通常是手工涂黑的。即使是在古版书时期，威尼斯的主导地位依旧无可撼动：15世纪80年代它成为“世界音乐印刷业的中心，出版了超过76版书，也就是说超过一半的古版意大利语音乐图书

[1] 也称为“单声圣歌”，是一种单声部、无伴奏的罗马天主教宗教音乐。——译者注

都在威尼斯付印。大约有17位威尼斯印刷商在这一领域同台竞争，1569年琼达脱颖而出，成为宗教音乐书籍印刷界的领军人物，教宗庇护五世，赋予他印刷特兰托地区弥撒书的特权”[277]。

一场革命正悄然掀起风波，将它带到威尼斯的又是那位异乡人——奥塔维亚诺·佩特鲁奇。1466年6月18日，佩特鲁奇出生在马尔凯大区的福松布罗内，离佩萨罗不远。他证明了自己是一位“当之无愧的创造者、传播者，从某种程度上来说，他引发了音乐学界的大爆炸”[278]。他的传记作者曾打过一个十分有趣的比方：在音乐革命中，奥塔维亚诺·佩特鲁奇好比马克思（构思者），安东尼奥·加尔达诺（Antonio Gardano）则是列宁（执行者）[279]。对于他成为印刷商之前的生活，也就是他30岁之前的生活，我们知之甚少——甚至一无所知，在当时的社会，30岁已经是个不小的年纪了。他的家庭并不贫穷，在城外还拥有一片土地，但1493年奥塔维亚诺将这片土地卖掉了。我们不知道他为什么要这样做，也不知道他是何时、出于何种原因搬到威尼斯。我们只知道1498年他向威尼斯大公申请音乐书籍的印刷特许权，由此我们可以判断出他在潟湖地区生活已经有段时间了。我们不清楚他在何时何地学习印刷技术，有人猜测是在乌尔比诺[280]，但也有可能是威尼斯。可以肯定的是，自1480年起，他的同乡——来自福松布罗内的巴尔多乐莫·布德里克（Bartolomeo Budrio）与来自亚历山德里亚的安东尼奥·德拉帕亚（Antonio della Paglia）、来自米兰的玛凯希诺·迪萨维奥尼（Marchesino di Savioni）在威尼斯合伙开办了一家印刷工坊[281]。在威尼斯共和国还生活着另一位著名的福松布罗内人：鲁特琴家弗朗西斯科·斯皮纳奇诺（Francesco Spinacino），佩特鲁奇还印刷过他的一本书。一位印刷商、一位音乐家、一座诞生了第一份印刷版复调乐谱的城市，虽然我们没有证据证明个中关联，但这一切或许不只是巧合。

从请求印刷特许权到第一本书出版，佩特鲁奇耗费了整整三年，这一大段不同寻常的间隙或许是技术上的难题所致。雕刻复调乐谱的音符和记号、准确排列活字并确保它们不会移动，绝不是一件易事，因此复调乐谱直到后期才姗姗来迟。第一本活字印刷乐谱的出版要归功于生活在威尼斯的马尔凯移民，某个叫作佩特鲁斯·卡斯特拉努斯（Petrus Castellanus）的人帮助佩特鲁奇完成了排版。最近的研究表示卡斯特拉努斯原籍马尔凯大区，是圣若望及保禄堂的一位多明我会修士，1505年他出任教堂唱经班领班，1516年去世。[282]

1501年5月15日，《复调音乐一百首》（*Harmonice Musices Odhecaton*）面世，它通常被简称为《百首选集》，是一本香颂合集。从题目就能看出，这本书半是拉丁语半是希腊语，收录的乐曲大多由法兰克–弗兰芒作曲家谱写，按理说这本书应该有100首乐曲，但实际上只有96首。书中采用“整整齐齐的哥特字体，油亮的黑色墨迹历经五个世纪依然光彩不改。雕刻活字的金属不知道是铅、是锡，抑或铅锡合金，但可以肯定的是它们出自行家之手：在当时的威尼斯，想要找到这样的活字并不困难，大印刷商们都对自己所使用的活字倾注十万分的关心”[283]。有少数几块当年用过的活字幸存下来，还有一份完整的复刻版保存在博洛尼亚的市立音乐图书馆。佩特鲁奇的初次尝试应该得到了不错的反响，因为九个月之后他又出版了第二部书。“他料想复调乐谱出版业还是一块无人涉足的净土，且有一批顺应潮流的书目亟待出版”[284]。简而言之，这位来自福松布罗内的印刷商为当时的读者带来了会心一击，而音乐爱好者们则以巨大的购买量回馈他的辛勤付出。

佩特鲁奇运用的印刷技术耗资不菲，每张纸都要在印刷机里印过三遍：第一遍印五线谱的横线，第二遍印音符和记号，第三遍印文章。他用的活字小巧精致，印刷成品质量无可比拟；重印的图书也保持高水准，甚至与初版难分伯仲，“这让佩特鲁奇出版的作品成为稀世名作，与他合作的作家也被冠以艺术家的美誉”[285]，相比起来，其他人出版的作品只能说普普通通，他们重印的图书质量参差不齐，与原版相去甚远。也说明佩特鲁奇的工作比我们想象的还要艰难：“当其他出版商的作品里只夹杂着几页跟音乐有关的话题时，他书中的全部内容都架构在音乐之上。”[286]

“没有人能像佩特鲁奇一样在五线谱上绘出如此精确的音符，也没有人能制作出比他更优雅的乐谱。迎合当时的流行风向，佩特鲁奇的印刷品宛如手写稿一般精致美丽”[287]。但他的工作体系有一个致命的缺陷：成本太高，他出版的作品价格很可能与手写稿价格不相上下[288]。为了得到理想的成品效果，就像我们之前说的一样，每张纸都要过三遍印刷机，精工细作的工序耗时耗力，发行量自然跟不上去：普遍认为不会超过150份。顾客群体局限于精英阶级，自然而然就需要寻找更加经济实惠的印刷方法。总之，这块肥美的产业引来无数觊觎的目光，其中就有活字雕刻师雅各布·翁嘉罗（Jacomo Ungaro），他曾任职于马努齐奥的印刷工坊，1513年翁嘉罗申请特许权，声称“找到了具象化歌曲的方法”[289]。

无论如何，承蒙幸运女神的眷顾，奥塔维亚诺·佩特鲁奇在事业上大获成功，为了表彰他将部分利润用于故乡的投资建设，圭多巴尔多公爵授予佩特鲁奇福松布罗内议员的称号，只有有钱人才能通过捐资得到这份荣誉。1511年——我们不要忘记，1509年阿纳戴罗战役之后，威尼斯就失去了对内陆诸邦的管辖权，直到1516年才重新讨夺回来——佩特鲁奇决定将自己的事业搬回故乡。在福松布罗内，他继续印刷书籍，只是不再专注于音乐领域。“1513年，他出版了福松布罗内主教保罗·达·米德尔伯格（Paolo da Middelburgo）最重要的一部作品

《复活节庆祝活动规范》（*De recta Paschae Celebratione*），又名*Paulina*。书中提出了对罗马历的修正，并推算出复活节的确切日期。整洁的版面，优美的字形，一笔一画尽书典雅大气，即使放到今天也是一卷美物；若是细细观察一番，还能发现这套精美的活字是出自弗朗西斯科·格利芬之手，那几年他刚好在福松布罗内工作”[290]。

除了开设印刷工坊，佩特鲁奇还将生意扩展到造纸业。他名下共有两家造纸厂，一家在靠近弗罗西诺内的小城索拉；另一家在福松布罗内的阿夸桑塔，这家店辗转于好几位店主手中，一直营业到1862年。“1539年佩特鲁奇去世——据我们所知，他逝于威尼斯——在经历了威尼斯如火如荼的印刷产业，以及在家乡担任了一连串官职之后，他的生命终于归于尘土”[291]。作为意大利文化史上的一位功臣，他的功绩被大大地低估了，作为音符活字创始人，只有故乡福松布罗内的一片广场和两条街道以他的名字命名，这两条街一条在乌尔比诺，另一条在罗马省的菲乌米奇诺。

在音乐出版界还有一位种子选手名叫安德莱亚·安提柯（Andrea Antico），他是一位来自莫托文（今属克罗地亚，当时是威尼斯共和国的领地）的伊斯特利亚音乐家，定居罗马。他改进了佩特鲁奇的印刷技术，将木版画雕刻与活字雕刻两种系统相结合：用雕刻木版画的方法在木头上雕刻音符，然后把纸页铺在音符活字下方印刷。1520年，安提柯搬到威尼斯，并作为雕刻师与当时最负盛名的几位印刷商合作，尤其是奥塔维亚诺·斯科特（Ottaviano Scotto）。他也会自己出版作品，采用的印刷技术只需要每张纸过一遍印刷机，模具也可以反复利用，但在成本竞争中并不具备优势[292]。毫无疑问，他的印刷程序更加简便，但在木块上雕刻音符的工作需要耗费大把时间。新技术与传统印刷术的根本区别在于印刷量：在相同的时间里，使用新技术能印制更多图书。最近的研究认为，安提柯印刷一本书所需的成本仅仅是佩特鲁奇的三分之一，因此尽管雕刻音符花费的时间限制了书目上的扩展，这位伊斯特利亚商人依然能赚得盆满钵满。“一方面，两位艺术家（佩特鲁奇和安提柯）为世人贡献了清雅整洁、无可比拟的书卷；另一方面，他们并没有满足音乐印刷界潜在市场的需求”[293]。

这一次，问题的答案并不在威尼斯，而是在伦敦：在这里，第一次，只要将白纸轻轻放在印刷机里过一遍，就有乐谱跃然纸上。1519—1523年间，约翰·拉斯特开创了单面印刷技术，但他并没有将自己的发明用于商业盈利，反而是巴黎人皮埃尔·阿泰伊涅（Pierre Attaingnant）凭借这项技术获得了商业上的成功。阿泰伊涅是一名皇家音乐印刷商，在他眼里，音符和五线谱与文章和木板画之间无甚差别，因此1528年他将乐谱出版做成了一项坐收钞票的买卖。他采用的印刷方法非常简单：五线谱被垂直分成几节，再在其中插入音符和记号，最后把分成小段的五线谱一个挨着一个摆在一起，直到取得想要的长度。当然了，五线谱相接的位置会出现显而易见的断点，最终的成品也不如佩特鲁奇或是安提柯的作品那样精美、雅致，但印刷成本被大幅压缩。“早期的音乐书籍通过牺牲美感来提高印刷量。而如今，出版音乐书籍便宜、省时、不费力，效率佳，产量高”[294]。“生产过程快速廉价，第一次在保证低价的同时还保证了高量”[295]，尽管与市面上的非音乐类图书比起来，阿泰伊涅出版的音乐书价格还是稍贵一些，但1000册左右的发行量证明了一切。

单面印刷的音乐书籍如同一股电流，穿过整片欧罗巴大陆，直到来到了威尼斯，才点亮了一盏明灯。从巴黎到里昂，再到德国的纽伦堡、维滕贝格、法兰克福和奥古斯塔，1537年来到意大利的那不勒斯，之后一路向北，终于在一年之后到达威尼斯共和国。“在这里，音乐出版物——尤其是采用单面印刷技术的出版物——其商业潜力得到了充分发挥并取得了丰硕成果。随着时间推移，有越来越多的人掌握了乐理知识”[296]。毕竟威尼斯城中遍地都是音乐教学中心，既有世俗的，也有宗教的。威尼斯人还进行了一系列技术上的革新，开发出专门用于印刷音乐书籍的工具；印刷好的纸张框在木托盘上，托盘刻有凹槽和切口用来保证五线谱印得笔直，有人猜测为了防止横线移动，大头针也被派上了用场。

威尼斯是一方风水宝地。“16世纪上半叶，收藏市场应运而生，收藏爱好者们掘地三尺寻找知名作曲家的作品”[297]：原则上，出版商只限于描述图书的内容，16世纪30年代末，他们开始在乐谱合集里精挑细选，选中某一位作曲家的作品，然后为他发行个人曲集。文艺复兴时期意大利激增的文学学院和社团构成了另一方重要的用户群体。维罗纳爱乐学院成立于1543年，今天仍然存在，它的图书馆历经百年风霜摧折而不倒，保存了230多部古老的音乐印刷品，其中大部分是16世纪的抒情歌曲。最后，我们也不能忘记对于贵族和资产阶级来说，茶余饭后弹奏一段小曲，哼唱一首歌谣，都是再平常不过的事情，乐谱也就随之成为一项生活必需品。供需相当时，音乐印刷行业便从手工阶段过渡到大规模商业扩张时期。此时正是两位大印刷商的天下，加尔达诺和斯科特在三十余年里印制了超过850版书，“这个数字超越了全欧洲音乐出版商出版的图书总额”[298]。

将崭新的音乐书籍印刷系统带到威尼斯的是法国人安东尼奥·加尔达诺（Antonio Gardano）。但讲他之前，我们还是先来看一看奥塔维亚诺·斯科特（Ottaviano Scotto）的故事，作为音乐出版业的开山鼻祖，他开展印刷活动的时间更早一些。斯科特出生在米兰附近的蒙扎，15世纪60年代，他在威尼斯的圣萨穆埃莱开设了第一家书店，今天这里是格拉西宫美术馆和皮诺基金会的所在地，馆内珍藏大量宝贵的艺术作品。斯科特也印刷非音乐书籍，而且还是一名重要的革新者。“他是第一个印制4开本和8开本宗教仪式用书的印刷商。这种开本的宗教书籍不仅能被老百姓轻轻松松装进口袋，还方便了四处传教的牧师，讲经台上厚厚的对开本经书可没办法随便抱走”[299]。斯科特是意大利第一个采用活字印刷术印制宗教音乐书籍的人，为了得出一份完整的乐谱，每张纸要过两遍印刷机：一遍印红色的横线，一遍印黑色的音符。

奥塔维亚诺·斯科特于1498年12月24日逝世，他被安葬在圣方济各教堂，修道院庭院内的墓碑至今依然清晰可辨（前文提到过，圣方济各修道院的图书馆里保存着第一版《古兰经》）。奥塔维亚诺二世接手了父亲的产业继续出版活动，但事业巅峰却出现在吉罗拉莫掌权时期，他全权经营斯科特印刷工坊长达36年。“自1536—1572年，他一直作为出版商、书店店主和作曲家进行活动，吉罗拉莫印刷了超过400部音乐作品，这些作品题材广泛，从弥撒经文到情歌小曲，那个时代所有知名作曲家的作品都被收录其中。斯科特印刷工坊的影响力还渗透到音乐之外的其他领域，比如哲学、医学和宗教学，他们出版的这些题材的图书不比音乐图书少”[300]。在那时的威尼斯，吉罗拉莫跻身上流社会，言行举止一派贵族风范，他有样学样地将生意上的利润（售书所得）投资农业。斯科特家族在威尼斯、帕多瓦和特雷维索均有置产。1615 年，随着私生子麦吉莱·斯科特（Melchiorre Scotto, Baldissera）的逝世，属于斯科特家族的王朝时代落下帷幕。麦吉莱并没有被葬在圣方济各教堂的家族墓园中，也没有权利继承家族遗产，因此斯科特家族的财产被公开拍卖[301]。“在 134 年的经营活动中，斯科特家族出版了超过 1650 版作品，他们不仅支撑起了威尼斯的印刷产业，也成为文艺复兴时期欧洲最知名的出版商之一”[302]。

同期的另一位巨匠安东尼奥·加尔达诺，1538 年在潟湖地区开启了他的职业生涯，然而在这之前，他的人生轨迹却鲜为人知。我们只知道他是一位法国人（直到 1555 年，他所有的出版物都署名“Gardane”，后来他将自己的姓氏改为更加意大利语化的“Gardano”，不过公证合同上写的依旧是法语原名“Gardane”）[303]，但我们不知道他是在哪里学习的印刷技术，或许是在法国南部：普罗旺斯的艾克斯有一名叫加尔达内（Gardanne）的臣民。但如果说他是在法国学习的印刷技术，那就一定是在巴黎或是里昂，更有可能是里昂，因为 1532 年，在他 22 岁的时候，他在里昂出版了自己的第一部作品——收录在系列丛书中的一本弥撒书。加尔达诺当初来到威尼斯时的身份是音乐家，而不是出版商，他常常被称作“法国音乐家”，在一封信中还提到他可能管理过一所音乐学校。他这一生从未放弃过音乐创作，但所作的乐曲只出版了三分之一。他在里亚尔托的希米亚街（calle de la Sìmia）开了一家书店（19 世纪时由于城市道路拆迁，希米亚街被合并入马志尼大街，因此这条街今天已经不存在了），印刷的第一本书也不是音乐书籍，而是一本书信集 *Pistole vulgari*，作者是皮埃特罗·阿雷蒂诺（Pietro Aretino）的前任助理尼科洛·佛朗哥（Nicolò Franco）。但我们能从 1539 年 10 月 7 日阿雷蒂诺写给路德维克·多尔切（Lodovico Dolce）的信中看出来，这位巧言善辩的作家与他的助手之间有很深的芥蒂，阿雷蒂诺在信中对佛朗哥极尽鄙夷，称他："死基佬，以为抄了我的几封信件就能成为作家了，可怜那个法国人加尔达诺为他借钱印书，结果惨遭连累，一本也卖不出去。"[304] 阿雷蒂诺完全是在危言耸听，这本书销量不算太差，1542 年加尔达诺还将其再版。但从这封信中我们知道了两件事：第一，确信了加尔达诺原籍法国；第二，那时出版商与作者之间的合作关系并没有那么不同寻常。

说起来，出版商之间的分红模式也有很多种。在意大利其他城市，出版商和书店店主几乎都没有印刷音乐书籍的器具，因此他们把这项工作委托给威尼斯人。就连佛罗伦萨这样的一线大城市，直到 16 世纪 80 年代才能够独立印制音乐书籍[305]。又或者有些订单需要极复杂的工艺，比如 1516 年罗马教廷订购的作品，安东尼奥·琼达负责印刷，安德莱亚·安提柯编排乐章并雕刻木版画，奥塔维亚诺·斯科特出资发行了 1008 册——

其中琼达并不算是合伙人，他只是领薪水干活而已[306]。作曲家们自己最能切身体会到音乐出版业对出版业整体的深刻影响，“他们想方设法借着时代的东风谋取一些好处，那些可靠又有竞争力、能够又快又准地印制他们作品的出版商是重点寻觅目标，比如艾利希奥 · 吉柏林（Heliseo Ghibel）就十分感谢奥塔维亚诺 · 斯科特发行了他的经文歌”[307]。我们也不能忘记宗教音乐的重要性，举个例子，“1565 年，圣乔治 · 马焦雷岛上的修道院出资 500 里拉，请威尼斯印刷商吉罗拉莫 · 斯科特印制 500 册音乐书”[308]。

我们还是说回安东尼奥 · 加尔达诺。1538 年他出版了自己的第一部音乐书籍《法语歌曲二十五首》（*Venticinque canzoni francesi*），从此踏入音乐出版领域。同年，他迎娶了威尼斯著名书商斯蒂凡诺 · 斌多尼（Stefano Bindoni）的妹妹[309]（在男权社会，女性自己的名字很少记录在册，我们只能在档案中找到她们父兄的名字）。这对夫妇有六个孩子，四个男孩、两个女孩。由于在事业上大获成功，这位法国印刷商将店铺搬到了梅切莉大街，也就是今天威尼斯最繁华的商业街。威尼斯州档案馆保存的《讣告》（*Necrologi di sanità*）显示，1569 年 10 月 28 日，安东尼奥 · 加尔达诺逝世，享年 60 岁。他的墓碑静立在圣救主堂的墓园中（这里也是塞浦路斯与亚美尼亚女王凯瑟琳 · 科尔纳罗的长眠之地）。印刷商的工作为加尔达诺家族带来了巨大的财富，遗产中包括54处位于米拉诺和坎波桑皮耶罗（今天属于威尼斯省和帕多瓦省）的田产，一座位于帕多瓦的豪宅，还有许多令当时的威尼斯人为之疯狂的奢侈物件：地毯、烛台、镜子、绫罗绸缎、男士衬衣、枕头、桌布，总价值约1200达克特。做个比较，同时期圣马可教堂唱经班领班的年薪是200达克特。如果阿雷蒂诺所言属实，1539—1540年加尔达诺还冒着倒闭的风险，那么之后的30年他靠着出版音乐书籍聚敛了一大笔财富。[310]

1575—1577年鼠疫爆发（四分之一的人口染病死亡，威尼斯大公为了献祭，任命安德烈亚·帕拉迪奥主持设计了朱代卡岛的威尼斯救主堂），加尔达诺的出版量骤减，从1576年的16版到来年的仅仅3版（斯科特则是从16版减至5版）。1575—1611年，安琪罗·加尔达诺（Angelo Gardano）印制了至少813版书，跟他父亲的出版量相比翻了一番。1611年8月6日，安琪罗去世，享年71岁。他将家业交到了女婿巴尔多乐莫·玛尼（Bartolomeo Magni）手上，之后近一个世纪加尔达诺出版社改名换姓变成了玛尼出版社，直到1685年，它随着加尔达诺的遗产一起消失了影踪。

没有人知道早年斯科特和加尔达诺关系究竟如何，但从几位同时代人物的口中我们探听到，这两人好比关在同一只鸡笼里的公鸡，互相抄袭剽窃，关系极其恶劣。但自1541年起，斯科特和加尔达诺的关系有所缓和，他们出版的书籍内容相近却不相同，“似乎在竞争与合作之间找到了一个微妙的平衡点”[311]。两人之间虽然偶有摩擦，但大多数时候还是和平相处。

“音乐出版业的利润来源并不在于印刷书籍，而在于销售书籍。成功的商人诸如斯科特和加尔达诺，都经营着一张广泛又细密的营销网络，他们笼络各路出版商、印刷工和卖书人，甚至把生意延伸到了威尼斯共和国之外”[312]。威尼斯的这两家大型出版社在欧洲各地都有自己的“procuratori”（相当于我们今天所说的销售员），他们负责书籍的买卖和运送。宽阔的营销网络是欧洲书籍贩售的基础，其中家族关系发挥了很大的作用，因此对出版商来说，关系热络的亲戚是销售员的最佳人选。像斯科特和加尔达诺这样的富商也会作为中间人为小城市出版的书籍搭桥牵线。

我们已经提过了书籍的分销网络，但为了使读者能够更好地理解市场规模，最好还是再附上两句。单单威尼斯的常住人口就有能力消化500到1000份音乐出版物，这个数字足够对发行量做出解释。但那时的威尼斯还有好多游客，他们宛如朝圣者般虔诚地靠岸，踏上梦中的圣土。其中很有可能包含一位叫作玛利亚·帕芬博格（Maria Pfaffenperg）的德国人，她在自己的音乐书上骄傲地写道：“1577年，威尼斯。此书为我所有。”[313] 另两处重要的倾销地在那不勒斯和西西里，与其他位于内陆的意大利北部城市相比，这两地乘船更易抵达。今天，斯科特和加尔达诺有无数作品保存在那不勒斯、墨西拿和巴勒莫的图书馆：威尼斯印刷商“掌控着意大利的音乐印刷产业”[314]。中欧与欧洲北部也是不容忽视的市场。1565年法兰克福举办的音乐书展上展览了32本来自威尼斯的图书，除此之外，还有一本来自罗马，一本来自鲁汶，一本来自维滕贝格[315]。威尼斯几乎坐稳垄断地位，宗教和世俗歌曲数量相当，欧洲北部渐渐流行起南欧的小情歌，至少弥撒歌曲广为传唱。

直到16世纪30年代，前往北部市场最方便的交通方式是走水路，人们口中的“佛兰芒护航队”便在这条航线上往返来回，到达佛兰芒之前，他们会先在南安普顿稍作停靠。每年政府都会将几条固定航线（目的地可能是亚历山大港、叙利亚，或者是君士坦丁堡）公开拍卖，商船结成的队伍就被叫作“护航队（muda）”。由于海盗在航路上横行肆虐，“佛兰芒护航队”停止了活动，转而被成本更高但更加安全的陆路代替。书籍，以及其他货物，沿着波河和阿迪杰河一路远航，中途靠岸，踏上前往阿尔卑斯地区的旅程：目的地是布伦内罗、圣哥达山口和大圣伯纳德山口。就像我们知道的，陆地上开辟的新道路不会阻碍威尼斯书籍贸易在欧洲长期保持霸主地位。

第九章

身体护理：医药、美容与烹饪

第一本日期地址标明的烹饪书籍、第一本美容书籍、当时医生人手一卷的药理基础知识书籍，都是在15世纪末和16世纪初的威尼斯诞生的。医学、美容与烹饪都以关照身体为目的，即使是在今天的很多时候，也需要三者通力协作发挥作用（最简单的例子就是“节食”）；草本药剂常常用来治疗疾病，奈何人们总是赋予食物一些它们本来并不具备的功效；我们之后还会看到，威尼斯贵妇将“染发”视作一项基础社交活动，然而那时医用染发剂还没有发明出来，她们使用的香脂软膏既可以用来治愈疾病，又能用来美发驻颜。

医学书籍销售是一项利润丰厚、保险稳定的热门行当。医者需要不断阅读专业文章巩固旧知识、掌握新技术，因此有医生的地方，就有医学书籍的需求。聪敏狡黠如威尼斯人立刻嗅到了商机，纷纷投身这个领域掘金。早在古版书时期就有人开始印制医学书籍，到了16世纪，医书越来越多，学科目录下渐渐地分出许多门类来。早期印制的主要是古典手稿和中世纪医学家的作品，后来同时代医生汇编的论著也被出版商认可付印。

想要对文艺复兴时期威尼斯的医学出版业有一个整体的了解，就不得不提到医学之父希波克拉底（Ippocrate），他的《文集》（*Corpus*）——一本集结了70篇医学论著的古希腊语文集（很有可能不全是他自己写的）——以手稿的形式流传了几个世纪，直到1526年，在马努齐奥和安德莱亚·托莱萨尼留下的印刷工坊里，这本书的印刷版本终于面世（1525年盖伦作品的希腊语版也在这里诞生）。《文集》的拉丁语版本1525年在罗马付印，另外早在1508年，威尼斯商人已经印制过这本书的些许片段。

印刷商们不仅着迷于古典医学家的著作，对中世纪阿拉伯医学巨匠的作品也很感兴趣。比如说，布鲁诺·达·隆戈布科（Bruno da Longobucco），他的《布鲁诺大师的外科学》（*La cyrogia del maistro Bruno*）于1498年出版之后大获成功，以至于截至1549年这本书被安排再版5次。13世纪初，布鲁诺出生在卡拉布里亚大区。在他最重要的作品《伟大的外科学》（*Chirurgia magna*）结尾处，作家将自己的身世坦诚相告。《伟大的外科学》是中世纪时最具权威的医书之一，一本从浩繁卷帙中提写出的精读纲要。1253年1月，布鲁诺在帕多瓦完成了这部作品，那时，他可能还在帕多瓦的大学里担任教职。《伟大的外科学》后来被翻译成意大利语、法语、德语，甚至有两个版本的希伯来语，一本由维罗纳犹太人希尔·本·萨穆埃尔（Hillel ben Samuel）编译，另一本则交给了西班牙犹太人雅各布·本·雅哈达（Jacob ben Jehuda）。这部书被视作必读课本，作者在书中不仅带来了“他从古典医学，特别是阿拉伯医学中学习到的知识，还描绘了他初次体验的外科手术和技术”[316]。他也是基督教医生当中第一个打破禁区，触及敏感话题的人。

另一位杰出的医生威廉·达·萨利切多（Guglielmo da Saliceto）在论文中详尽叙述了他为两名士兵做手术的过程，这两名士兵一名在贝尔加莫，一名在帕维亚，奄奄一息只等死神前来索命，然而威廉凭借高超的医术成功将他们拉回人间。他在学界享有极高的声誉，出版的手稿也大获好评，与他的卓越功绩完全相称。大约在1210年，威廉来到卡德奥的萨利切托，靠近皮亚琴察的一个小镇；他在博洛尼亚教书，辗转各地活动，直到1275年成为维罗纳市的雇佣医师。我们之所以得知这些细节，是因为同年他在维罗纳结束了《外科学》（*Chirurgia*）的写作。1474年，这本书的白话文版在威尼斯推出，两年之后在皮亚琴察又诞生了拉丁文版。自这本书开始，“医学被列为一门拥有独立理论与实践系统的科学，而不是纯粹的体力活动”[317]。

法国人盖·德·肖利亚克（Guy de Chauliac）于1280年到1300年间出生，1348年他不幸染上了骇人的黑死病，病愈后他记录下详细症状，将淋巴腺鼠疫和肺痨区分开来。肖利亚克十分仰慕布鲁诺·达·隆戈布科，坚称他是13世纪最伟大的医生之一，是威廉·达·萨利切多开创的临床医学的接班人。1493年肖利亚克（意大利语化的名字为圭多·考利亚克）的《手术》（*De cirogia*）在威尼斯出版首部意大利语译本，随后无数的再版证明它迅速成为业界权威参考书目。肖利亚克的学生，博洛尼亚人彼得·阿杰拉塔（Pietro Argellata，“出色的外科医生，擅长割疝气手术、结石手术、头骨手术、截肢手术”。）[318]所著的《手术》（*Cirurgia*）当中介绍了溃疡、头骨破裂、疝气、皮外伤和肿瘤相关的知识，他认为骨髓可以滋养骨头，并保护骨头不轻易折裂。不久之后这部作品名声渐起，1480年在威尼斯印制出版，1497年推出了第二版。

在中世纪大师们纷纷著书立说的大环境中，第一本插图医书也应运而生，这本书就是我们所说的《德克汉姆档案》（*Fascicolo Ketham*），1494年2月出版（更威尼斯的说法的是1493年出版，因为威尼斯历的新年从3月1日开始）。《医疗档案》（*Fasciculus Medicinae*）由6篇医学论文汇编而成，重新装帧并于1491年在德国印制出版。手稿的主人德国人约翰尼斯·德克汉姆（Johannes de Ketham）为它命名。这本书的威尼斯版本还被翻译成白话文，并附上了美丽的全页木版画，不过其中有些画打眼一瞧真是触目惊心，比如解剖尸体时所用的工具，今天看起来应该握在屠夫而不是大夫的手里。但不管怎样，这些画作震动了整个欧洲的医学出版业，直到18世纪，医学资料的插图还是多多少少受到《德克汉姆档案》的影响。现代解剖学之父安德雷亚斯·维萨里（Andrea Vesalio，佛兰芒语名为 Andreas van Wasel）虽然在帕多瓦教书，但1543年他的奠基之作《人体结构》（*De humani corporis fabrica*）的初版是在巴塞尔付印的。五年之前的1538年，他曾在威尼斯出版过六幅解剖学插画，搭配这些插画读者能更直观地了解到尸体解剖的过程。

15世纪末，威尼斯印刷商将目光瞄准阿拉伯医学家。早在1479年，他们就出版了尤哈·宾·塞拉菲（Yuhanna bin Serapion，又称小塞拉菲）的《病例摘要》（*Breviarum medicinae*），1492年阿里·本·阿巴斯（Ali ben Abbas）的一部重要论著也推向市场。阿布巴卡·穆罕默德·拉齐（Abu-Bakr Muhammad ibn Zakariya al-Razi）的《歇斯底里——致哲学家曼苏尔》（*Hystoria d'Almansore philosopho*）不仅在医学史上占有一席之地，对图书史也做出了贡献——这本书被献给苏丹曼苏尔，因此题目中出现了“Almansore”（致曼苏尔）的字样。威尼斯医生阿奇巴尔多（Arcibaldo），绰号奇巴尔多（Cibaldo），将它翻译成意大利语，并使用了“杂集（zibaldone）”一词，之后著名诗人贾科莫·莱奥帕尔迪（Giacomo Leopardi）将它融入意大利语中，因此今天我们还在使用这个单词。“zibaldone”指的是一大堆医嘱、处方和医疗规定的杂录，当时也作“食蔬大杂烩”之意。

威尼斯肯定不是临床医学的顶尖城市之一——博洛尼亚和帕多瓦无疑排在它前面——但它也是不容小觑的，尤其是考虑到军舰上需要大量的医务人员，而且威尼斯医生经常前往外国出诊，还具有一层外交身份。比如说帕多瓦医学院教授圭多·杜约尼（Giulio Doglioni），他在阿勒颇的威尼斯使馆任职，治疗瘟疫患者时不幸染病逝世。还有来自马罗斯蒂卡的科尔奈留·比扬基（Cornelio Bianchi），1542—1543年这两年间，他待在大马士革并为威尼斯共和国驻叙利亚使馆工作，1576年他因为成功救治了瘟疫病人而声名鹊起。[319]

同时，印刷商们也开始出版同时代医生的作品，比如阿里桑德罗·本尼迪特（Alessandro Benedetti），他在帕多瓦创立了解剖课并建造了第一间观看手术的阶梯教室，木质结构易搭易拆。他与其他医生的不同之处在于拒绝解剖活生生的死刑犯，而是坚持使用尸体。

本尼迪特出生在帕多瓦，1450年在家乡毕业。他在伯罗奔尼撒的克里特和迈索尼（威尼斯共和国所属的希腊领土）之间徘徊了15年，也曾经一度回到故乡执教临床医学和解剖学。1495年7月6日，英国、神圣罗马帝国、米兰公国、威尼斯共和国、教皇国组成的神圣联盟对抗进入意大利半岛的法国国王查理八世，史称福尔诺沃战役，本尼迪特担任神圣联盟军的总军医。1496年阿尔多·马努齐奥以《卡罗琳战争日记》(*Diaria de bello carolino*)为题，出版了本尼迪特所述的战争报告。战后他回到帕多瓦重拾教职，后来又搬到扎达尔，1512年10月31日客死威尼斯。他对医学作出的主要贡献是"为解剖学研究带来了新气象。他的人体构造课总能吸引许多听众"[320]，甚至连神圣罗马帝国皇帝马克西米利安一世都愿做他的学生。本尼迪特的《人体的历史》(*Historia corporis humani*)是解剖学经典之作，1493年在威尼斯出版，后来涌现出无数版本，包括1514年的巴黎版和1527年的科隆版，并被收录进各种文集。

吉罗拉莫·弗拉卡斯托罗(Girolamo Fracastoro)，维罗纳医学学者，与当时的诸位著名人物——皮埃特罗·本博、安德莱亚·纳瓦杰罗、阿尔多·马努齐奥——有着密切往来。他在1476到1478年间出生，从帕多瓦毕业后迎来了事业巅峰，被提名为特伦托市政会的首席医师。1545年，他将汇报书呈给鲍德温·德巴杜尼(Balduino de'Balduini)签字，正是这份汇报书将他带到了博洛尼亚，开始了对斑疹病的深入研究。他的第一本印刷作品是《梅毒是否是病》(*Syphilis sive de morbo gallico*)，起先是在威尼斯地下偷偷摸摸地印制盗版，后来1530年在维罗纳出版了完整校对的官方正版。这本书确立了"梅毒"的病名，这种病也被称为"高卢(法国)病"，是查理八世的士兵将它带到了意大利。1555年，作者去世之后，《全集》(*Opera omnia*）一书交由琼达在威尼斯出版发行。加布里瓦 · 法罗皮奥（Gabriele Falloppio 或 Falloppia）是文艺复兴时期最知名的妇科医生，他为卵巢和子宫之间的器官起名输卵管。法罗皮奥生于摩德纳，主修解剖学、鼠疫与梅毒，受科西莫一世 · 德 · 美第奇邀请前往比萨学院教课，他还进行过活体毒药实验（给死刑囚犯喂食鸦片，并被指控解剖活生生的犯人）。1551 年，在他 28 岁时，法罗皮奥搬到了帕多瓦，并在这里生活，直到 1562 年 10 月去世。他的作品连同学生们的笔记开始被出版，1563 年在威尼斯印刷的这本主要讲的是溃疡和肿瘤，在帕多瓦印刷的则是讲高卢病，或者说梅毒。

现代理疗学之父名叫吉罗拉莫 · 梅库利亚（Girolamo Mercuriale），1569 年琼达出版了他的作品《体操艺术》（*Artis Gymnasticae*）。1530 年梅库里亚在弗利出生，之后他在帕多瓦执教并成为知名医生，1573 年他还被请到维也纳为马克西米利安二世看诊。1576 年，在参议院召开的大会上他犯下大错，公开反对威尼斯医生的意见，坚称这场全民疫情并不是淋巴腺鼠疫。他的误判导致了 5 万人死亡，接近威尼斯三分之一的人口。但这场大错并没有让他丢了饭碗，反而夯实了他的权威地位，梅库里亚的出诊费眼见着越涨越高。他针对瘟疫的课程被学生编纂成集并发行出版（流传到今天的作品大部分是学生印制的课程汇编）。他主攻儿科（他著有第一篇以哺乳为主题的论文）、皮肤科（他写出了第一部将皮肤病分门别类的医书）、毒药学（他成为当时最权威的毒药专家之一），但他最功勋卓著的作品还是在理疗保健方面，“这本书是他最知名、最创新的作品，梅库里亚历经七年的学习钻研，跑遍罗马大大小小的博物馆和图书馆，才凝结出这样一本心血之作。它是第一部完整的理疗论著，既融合了古代的技术，又加入了现代的理念，不论是从史学角度、医学角度，或是疗养保健的方面来看，梅库里亚都无愧为一位真正的先驱”[321]。1606 年，梅库里亚于弗利逝世。

16 世纪军事外科手术之父是威尼斯人乔瓦尼·安德莱亚·黛拉克罗切（Giovanni Andrea Della Croce），1515 年出生（也有说法是 1509 年出生）。他的命运仿佛在冥冥之中早已注定：爷爷是一位外科医生，父亲是一位理发师（那时人们把理发师看作是工作相对轻松的医生）。我们不确定黛拉克罗切是否在帕多瓦毕业，但可以肯定的是他参加了威尼斯外科学院的入学考试。他被送到了费尔特雷，但八年之后又重返威尼斯，他被任命为随舰军医。登上舰艇，成为部队的一员之后，他潜心钻研治疗腹部火器创口的方法。1560 年他以此为题出版了第一部论文，后来这篇论文并入他的巨著《通用外科学》（*Chirurgia universale e perfetta*）之中，1573 年，这本书的拉丁语版面世，次年白话文版也紧随其后出版（我们不要忘记

1571 年正是勒班陀战役爆发的年份，人们对医学的兴趣空前高涨）：拉丁语版总共重版两次，白话文版重版三次。这位威尼斯军事外科专家的名声越过阿尔卑斯山，传遍欧洲，他的作品亦被翻译成各种语言广为传阅。1575 年，他在威尼斯逝世，很有可能是因为感染了鼠疫。

第一篇现代药理学专著的作者是皮耶特罗·安德莱亚·玛提奥利（Pietro Andrea Mattioli）医生，1501 年出生在锡耶纳，他翻译并扩充了希腊人迪奥科里斯（Dioscoride Pedanio）的作品。迪奥科里斯原籍西利西亚，公元前 60 年左右活跃在医学界，他应当是古代最重要的医生，在《神曲》中，但丁将他安排在地狱边境[1]（我看到了美德的收割者 / 正是那唤作迪奥科里斯的人；我还看到了俄耳甫斯 / 塔利、李维和道德家塞内卡）。他的作品是古代医疗手段最完整的整理回顾，五本书共分为 827 个章节，详细描述了 625 种植物、85 种动物和 50 种矿物质。希腊语首版由阿尔多·马努齐奥负责，1499 年上市。但它今天之所以能成为普遍认可的药理学奠基之作，多亏了玛提奥利的功劳：旅居戈里齐亚的 13 年里，他不仅翻译了迪奥科里斯的作品，还将自己的药理学知识加入其中。玛提奥利向威尼斯大公申请这本书译本和增补本的出版印刷特许权，1544 年，在威尼

[1] 宗教意义上，地狱边境是基督降生前好人和未受洗儿童灵魂所去之地。——译者注

斯由尼克罗·德·巴斯卡里尼（Nicolò de'Bascarini）负责印刷出版。这本书甫一上市便引爆市场：销量约达3.2万份[322]，版本多达13版。1527年，罗马城被洗劫一空，我们的锡耶纳医生逃亡到特伦托，随后又来到了戈里齐亚。迪奥科里斯的作品初版印刷时没有插图，直到第3版（1550年）才会出现寥寥几幅小画，之后在第11版中取而代之的是整页美丽的木版画；除了拉丁语版本之外，这本书还有无数译本，比如法语、捷克语和德语，更别提各种各样充斥错字的盗版书。“书中呈现了16世纪植物-药物学最著名的文章，描绘了成百上千种植物的药用功效，其中大部分鲜为人知的草药来自东方和美洲，还有一些是玛提奥利在诺恩山谷（val di Non）和巴尔多山（Monte Baldo）研究考察时亲自采摘的”[323]，今天这两处山头分别位于特伦托省和维罗纳省。当然了，这本书里还有一些内容让人嗤之以鼻，比方说作者建议将风干的樱蛤剁碎，配以酸橙汁可以增长睫毛；又或者将烤蜗牛连壳绞碎兑上红酒和没药治疗水疱；再或者把干燥的河马睾丸绞碎敷在被蛇咬伤的创口上；家养老鼠炙烤并磨成粉末，撒在小孩喝的面糊里可以治疗流涎症；用煮熟的鲶鱼灌肠是治疗坐骨神经痛的灵丹妙药。不管怎么说，出版上的成功给玛提奥利的事业带来了丰厚的利益，斐迪南一世甚至请他到布拉格宫廷担任二皇子的私人医生。至于这位医生是否用伏尔塔瓦河盛产的鲶鱼进行过灌肠疗法，就不得而知了。

即使是今天，药理学和美容学也多有重叠之处，16世纪更甚，这两门学科的分隔就是从那时开始的。在这里我们强调一下，威尼斯不仅是美容学出版物的摇篮，还是化妆品的发源地。1525年，埃乌斯塔奇·切莱布里诺（Eustachio Celebrino）在论文中称“香粉”为“塞浦路斯粉”，他的这篇文章也是16世纪美容学最重要的论著之一（直到1571年，塞浦路斯岛一直属于威尼斯共和国领土）。今天女士们漂染“太阳亲吻过”般的金发时大概不会想到这是一项从文艺复兴时代的威尼斯流传下来的技艺。对16世纪的威尼斯贵妇来说，金红发色即潮流风向，不仅在威尼斯是这样，整个欧洲的审美皆是如此，甚至提香·维伽略（Tiziano Vecellio）的画中美人也都拥有一头草莓金秀发，久而久之这种发色也被称为“提香金”。夏日阳光正盛时，威尼斯的贵族小姐们爬上屋顶阳台（用木头在屋顶搭起的平台，用来晾晒床单衣服），穿一件单薄的白色长衫，头上扣着一顶染发专用的无檐帽（称作“solana”），手里拿着浸水的海绵，确保头发在晒到太阳之前一直是湿润的。我们猜测早期的染发剂只是简单的菊花茶，渐渐地，美容书籍里提供的配方愈加复杂——谁知道到底管不管用——比如切莱布里诺提到过的“完美金发水”，还有1562年乔万尼·玛利奈洛（Giovanni Marinello）组合的配方——“清水煮沸葡萄木屑和稻麦”——要是您愿意，还可以加点切碎的甘草和雪松木。到了世纪末，染发剂变成了业余巫师手中散发恶臭的药水，材料也越来越猎奇，比如鸽子粪便、乌龟血、水煮西班牙乌蝇[324]（一个半世纪之后，贾科莫·卡萨诺瓦还真的用到了这个配方——晒干碾成粉末用作催情剂）。

关于埃乌斯塔奇·切莱布里诺我们所知甚少，从他作品中摘取的只言片语里推断他大概生于15世纪末，是一名乌迪内人。后来他来到佩鲁贾生活，为一名当地的印刷商雕刻木版画；1523年，他又来到威尼斯，为一本书法手册制作版画。1525年切莱布里诺写作并出版了《书法指南》（*Opuscoletto interamente calligrafico*）[325]。他全情投入"印刷商业作品，试图以健康、礼仪、外语等热门话题赢得市场的关注"[326]。1525年，在"实用土耳其语会话""餐桌礼仪指南"以及上文提到的书法手册之外，他还出版了第一篇与化妆品挂钩的文章：《教您如何使用各式香氛俘获女人的芳心》（*Opera nova piacevole la quale insegna di fare varie compositioni odorifere per adornar ciascuna donna*，罗韦雷托市立图书馆存有一份余本）。这本书也是涵盖了各色话题的集合之作，书中提到如何医治"法国病""酸麻疼痛"，"在切莱布里诺的指导下，软膏香水能够'美容驻颜''滋养纤纤玉手''永葆青春俏丽'。有趣的是，古人崇尚的美容真经与今天相比别无二致"[327]。这些灵药妙方能祛斑除痘、缓解晒伤、紧肤抗皱、美白牙齿、加固牙床、清新口气、生发防脱、预防白发、刮除体毛，还能帮年轻小伙长出胡须，满足他们做大人的渴望。甚至还有药方能“强壮外阴”，大概是娼妓滋补身体，谋生所用。

化妆品并非女性的天生专属，还能服务“厚颜无耻的‘伽倪墨得斯’[1]们，他们裹在玲珑的女士装束里，把头发弄得卷曲光亮，在柔软的脸颊上喷上1000种香水，好让猎犬循着味道奔向蜜糖”，托马索·加尔佐尼（Tommaso Garzoni）在《世界职业大全》（*Piazza universale di tutte le professioni del mondo*）中如是写道，这本书1535年在威尼斯付印，证明那时第三性和异装癖不是什么稀罕事。

1540年，乔瓦温杜拉·罗萨蒂（Giovanventura Rosetti）在威尼斯出生，他的家族原籍维琴察。1540年，他出版了最早的化学论著之一，主题是织物染色。威尼斯红布在欧洲和黎凡特地区颇受美誉，因此这里染坊遍地，利润丰厚。罗萨蒂真正的人气之作是《香氛艺术不可不说的秘密》（*Notandissimi secreti de l'arte profumatoria*）。1555年初版发行之后又接连推出了三版，最后一版于1678年在威尼斯推出。在罗萨蒂的带领下，彼时的贵妇小姐们都开始涂抹脂粉、喷洒香水。

我们之前提到过的玛利奈洛在1562年也推出了一本319页的美容学小传，叫作《女性装饰》，书中教授读者如何制作用

[1] 希腊神话中的一位美少年，因年少貌美受到众神之王宙斯的喜爱。——译者注

来洗手的肥皂，如何用鸽子血洗去眼球红血丝，如何制作“让嘴唇变红的软膏”——听上去极其像是我们今天所用的口红，还有药方宣称能“清除头皮屑”，殊不知几个世纪之后这句口号还常常能在电视广告里听到。

除了医疗美容药方，文艺复兴时期的威尼斯还出版了许多跟“吃”有关的书籍，即为了满足身体需求，又为了取悦自己。烹调图书数目之多，别处根本无法比拟。

“16 世纪时，意大利出品了一系列围绕餐桌艺术展开的书籍，其质量与数量是其他欧洲国家无可比拟的，甚至在接下来的几个世纪中都无有敌手。这些书主要聚焦餐桌礼仪与宴会招待，是以宫廷文化为主流价值观的社会之上‘教谕式’文学的技术版本，旨在打造巴尔达萨雷·卡斯蒂利奥内（Baldesar Castiglione）在《廷臣论》（1528）中所描述的上流绅士。《廷臣论》一书备受欧洲贵族追捧，在出版界获得巨大成功，一个世纪之间，仅在意大利就推出了 38 个版本”[328]。

因此我们有必要费些口舌来讲讲这本书，《廷臣论》初版是由马努齐奥和安德莱亚·托莱萨尼留下的印刷工坊负责出版发行的。文章以主角（其中之一便是皮埃特罗·本博）对话的形式展开。某个夜晚，在乌尔比诺公国皇宫内，主角们探讨着一位身处宫廷的完美绅士该配以何等的举止作为：贵族血统，精力充沛，在军事和音乐领域皆有造诣，诗人，雄辩之才，有能力鉴赏雕塑绘画。“他还应该能跑会跳，游泳铅球样样在行”；他的声音必须“洪亮、清楚、优美，遣词造句富有逻辑”，卡斯蒂利奥内如是写道。此外，廷臣还须“行事谨慎，说话小心”。总之，上流社会的男人要时刻保持体面优雅，不能逾矩。同样的规则也适用于贵族女人。

这卷书一经推出便收获巨大反响，成为文艺复兴时期广泛被阅读的一本书。它被翻译成6种语言，在欧洲20个城市印制。1537年出版的法语版甚至得到了弗朗索瓦一世的赞扬，他读过后认为此书应当立为模范，为宫廷之人所效仿。1561年，英语版由托马斯·霍比（Thomas Hoby）负责推出，在英国宫廷也掀起了不小的风波。

现在让我们说回美食烹调书，古怪的是这些书从政治基础上做出了明确划分，将君主国与共和国明确割离。让公众了解王公贵族的餐饭能够强调他们与普通百姓的差别，从而合法合理化王权；揭秘主教餐桌上的珍馐佳肴也别有用意：当时，“教会中人被证实胡吃海塞、胃液过剩”[329]。然而，寡头商业情况下，“赢得人民的信任才是维持权力的长久之道，因此倨傲的炫耀、奢靡的作风产生负面影响，让形势完全颠倒”[330]。这种想法得到了印证，威尼斯虽然印有大量的美食书籍，却未有一本讲到这座城市的特色饮食。此番异常持续了很长一段时间，直到19世纪初，“几个世纪以来人们一直以为这只是单纯的巧合。

事实上是因为统治阶级的作风习惯不被认可宣扬，即使没有明确禁令，也没有任何相关出版物”[331]。

法国大革命之前，我们对平民百姓的餐桌饮食并没有太多了解，唯一一点信息也不是来自美食书籍，而是文学作品。比如乔万尼·薄伽丘（Giovanni Boccaccio），他讲百姓们吃病死的动物，喝酸馊的葡萄酒；或者卡洛·哥尔多尼（Carlo Goldoni）在《高雅的女人》（*Donna di garbo*）中所写，主人公萝萨乌拉教阿列奇诺如何制作玉米糊：“我们在漂亮的锅里倒满水，把它放在火上。等水咕噜咕噜开了的时候，我就去拿做饭的材料——一种金子般可爱的粉末，我们叫它黄面粉，然后把它一点一点撒在锅里溶解开，你要用心搅拌（沿线搅也行，画圈搅也行），等到面糊变浓稠，我们就把锅从火上拿下来，得咱们俩齐心合力，拿着勺子把玉米粥从锅里舀到盘子里。最后我们在里面撒一点新鲜、金黄、美味的黄油，再来一点肥厚、金黄、磨碎的奶酪。”总之，平民担心的不是如何烹调食物，而是如何弄到食物。

烹调是富人的专利，文艺复兴时期的烹调经构建在一本宝典之上，这本书影响了半个欧洲的贵族阶级的餐桌。它就是《适当的愉悦与疾病》（*De honesta voluptate et valetudine*），作者是皮亚德纳人巴尔多罗美欧·萨奇（Bartolomeo Sacchi），又称普拉提纳。1473 到 1475 年间，这本书首印于罗马，不过这是一本没有标明地址、日期的盗版书，官方版本则是在1475年12月15日于威尼斯首次面世。“这本书对文艺复兴时期欧洲烹调史产生了巨大影响，因为普拉提纳的手抄本不仅被翻译成了意大利语，还有德语和法语的译本”[332]。

这部承载美誉的作品，是第一本大范围流传的烹饪书，也是15世纪下半叶美食学知识大全。它将烹饪艺术与营养学、食品卫生、餐食享乐道德观紧密结合，给16世纪的美食文学（几乎全是意大利语书）带来了深刻影响，包括一些经典论著[333]。《正当娱乐》（*Honesta voluptate*）中的食谱并不是普拉提纳原创的，而是马尔蒂诺·达科莫手稿精美的副本，直到1465年，达科莫一直担任阿奎莱亚主教的厨师。这就有抄袭之嫌——普拉提纳并没有在文中标出食谱出处——最近有学者研究保存在华盛顿国会图书馆中的马尔蒂诺手稿，事情真相才浮出水面。

人们不仅围坐餐桌旁享用佳肴，也时不时地小酌几杯，在威尼斯亦是如此。1535年奥塔维亚诺·斯科特出版了酿酒学的第一批著作之一——乔瓦尼·巴蒂斯塔·孔法洛涅里（Giovanni Battista Confalonieri）的《关于天然葡萄酒的谈话》（*De vini natura disputatio*），这本书开始研究葡萄酒的特点，并对不同酒种加以描述。

与此同时，饮食书籍越来越多地关照到宴会艺术，著名的《新书》（*Libro novo*）便是其中之一。1549年本书的初版在费拉拉面世，1564 到 1621 年间在威尼斯又接连推出了九个版本。位于费拉拉的埃斯特家族总管克里斯托弗·达·梅西斯伯格（Cristoforo da Messisbugo）在书中彰显出了他作为大家族佣仆干练专业的一面，除了 315 道菜谱，他还描述了文艺复兴时期的宴会，觥筹交错、浮华铺张，却十分和谐优美，没有凌乱嘈杂之感：菜品、音乐、舞蹈、剧目、交谈、惊喜，待客之道有条不紊地指导着一切活动[334]。这场宴会可比您的花园派对要奢靡多了，只消瞧一眼梅西斯伯格的菜单，您就都明白了：56 只山鹌、300 只牡蛎、25 只大大小小的孔雀、80 只画眉鸟、80 只斑鸠，林林总总，名目繁多。

“总管”这个职位，用现代语言来解释，就是“厨师”和“管家”的结合体，主管王公贵族的餐饮饭食：他负责挑选厨子和仆人，为主人准备饭菜，并与主人保持私人情谊，他还要定时采购，事无巨细地组织宴席。“总管”并不是简单的佣人，他属于上流阶级，含着金汤匙出生，甚至可以算得上是廷臣。因此，他有普通厨子没有的特权，比如打扮入时，或是蓄一撮胡子。[335]

多美尼加·罗摩里（Domenico Romoli），又被叫作“帕农多”，也是一位管家。1560 年，他的作品《单一学说》（*La singolare dottrina*）在威尼斯出版，书中描写了如何制作菜品、准备筵席，甚至还讲到食品的营养价值。巴尔多洛梅·斯卡皮

（Bartolomeo Scappi），在一堆总管和肉食料理师之间，他是那个年代唯一颇具名气的专职厨师，也写了一本书叫作《作品》（*Opera*，1570），这部作品被称为"文艺复兴时期美食学百科全书"[336]。斯卡皮，"庇护五世的私厨"，简介中如此写道：他在书中"简明扼要地叙述了自己在教皇宫廷工作的经历，比如每天必做的工作，以及厨房的陈设（配有一系列著名木版画）。他还为读者呈现了菜单、季节性食谱，以及为病人制定的饮食制度"[337]。

文艺复兴时期的厨房里还有一位重要角色，那就是肉食料理师：他的任务是将主菜切好放在用餐者的盘子里。比起今天的侍者，他的工作含金量可要高多了。肉食料理师的工作仿若芭蕾，宛如杂技，要求力量和平衡。"在用餐者面前表演切肉，是一顿盛宴的高潮部分，亦是肉食料理师展示敏捷身手的大好时机。切肉的动作要'在空中'完成，意思是直接把插在叉子上的肉切成小块，这需要经年累月的日常练习"[338]。维琴佐·柴维欧（Vincenzo Cervio）所著的《肉食料理师》（*Il Trinciante*，1581）认为，这份工作是在执行一项仪式，而不是简简单单地上菜招待客人。在文艺复兴时期，宴会的前两道菜负责让客人吃饱，后续的菜品，尤其是烧烤，表演意味更重一些。等到端上来的时候，烧烤已经凉了，更别说还要再经过肉食料理师的一番表演。高高兴兴看完热闹之后，客人们只是象征性地吃两片肉。

美食学论著除了探讨真实的食物，还讲到一些虚构的、传说中的美食，比如“吗哪[1]”。那不勒斯人唐纳多·安东尼奥·阿尔多玛莱（Donato Antonio Altomare），医生兼哲学家，1562年在威尼斯印刷了一本小书叫作《吗哪》（*De mannae*），用46页纸探讨这种只存在于《圣经》里的食物。

威尼斯共和国始终留意着世界上其他角落发生的事情，1565年印刷商蓝波泽多（Rampazetto）出版了第一本描述可可树以及巧克力制作的书。米兰人吉罗拉莫·本佐尼（Girolamo Benzoni）在《新世界的历史》（*La historia del mondo nuovo*）中第一次写到了巧克力的食谱。直到一个世纪之后，从美洲进口而来的可可豆才会变成受人欢迎的饮料。很明显，又一次证明了作者和出版者目光长远。

[1] 《圣经》中所述古以色列人经过旷野时获得的神赐食物。——译者注

第十章

皮埃特罗·阿雷蒂诺与名作家的诞生

天才、色情作家、堕落者、博学多才的知识分子，这些都是给皮埃特罗·阿雷蒂诺扣上的头衔。到最后，这些头衔也都得到了认证。是他出版了历史上第一本色情书籍。同样还是被称为“王都之耻”的他，成为了第一位名流作家、偶像文人，大批粉丝蜂拥围堵只为一睹真容。他写作并不是为取悦读者，也无意用于教学，更多的是讽刺争辩。正如某位学者所说，他以笔为枪，以字为军[339]，从这种意义上讲，他是一位出人意料的现代作家。

住在威尼斯的几年里，他变成了这座城市的一处景点，皮埃特罗 阿雷蒂诺几个字已经刻进了这座城市的历史里，威尼斯让他声名远播，倘若他没有来到威尼斯，或许不会变得这么有名。“威尼斯四方闻名的自由风气为他的文学发展提供了优渥土壤，否则他的成名之路早就葬送半途”[340]。而他也为威尼斯吸引来更多的游客。1527 年，他来到威尼斯，逗留此地的 20 年间，阿雷蒂诺俨然成为镇城之宝。1556 年去世后，他被葬在圣卢卡教堂——这座教堂今天还在，只是他的坟墓早已不知影踪。他与当时的诸位大人物结下深厚友谊，比如曾经给他画过画像的缇香（这幅画现在保存在佛罗伦萨的碧提宫）、塞巴斯蒂亚尼·德尔·毕翁伯（Sebastiano del Piombo）、雅各布·桑索维诺（Sansovino），甚至还有神圣罗马皇帝查理五世。

然而在接下来的几个世纪里，阿雷蒂诺却被历史排除在外。他写的《艳情十四行诗》(“我的心肝，春宵苦短，让我们云雨缠绵 / 此番良辰美景，是我们心之所求 / 你爱慕我的雄伟 / 而我爱你的娇柔更甚”）在无趣、虔诚又古板的 19 世纪是登不上大雅之堂的。人们很少谈到阿雷蒂诺，也不愿谈到他，甚至在今天，他对文学所作的贡献还是被大大地低估了，也少有人会认为他是意大利文化史上的重要人物。

1492 年阿雷蒂诺出生在阿雷佐，后来他搬到罗马、曼托瓦，又搬回罗马，再搬回曼托瓦。教宗利奥十世去世之后，佛兰芒人亚德六世登上宝座，此时阿雷蒂诺作为雄辩之才名声渐起。第二次旅居罗马期间，他得到教宗特赦，释放了木版画雕刻师马尔康多默·拉伊蒙蒂（Marcantonio Raimondi），后者复刻了朱利奥·罗马诺（Giulio Romano）的 16 幅情爱插画。“阿雷蒂诺并不满足于一时的成功，他想要证明自己无人能阻，因此又为朱利奥·罗马诺的插画配上了 16 首十四行诗”[341]。他还遭遇过刺杀：匕首没能一击致命，但却让他的双手落下残疾。周遭压抑的空气让他不得不重回曼托瓦，这一次是逃命似的奔回去。回到曼托瓦之后，阿雷蒂诺成为了贡扎加宫廷里的焦点人物，在这里，他不再隐瞒自己对同性的爱慕，也收敛了对异性恋的鄙夷之情。

1527 年，他来到了威尼斯，两个月之后，查理五世麾下的雇佣兵将洗劫罗马城，仇视教宗的阿雷蒂诺听闻这个消息简直乐不可支，拍手欢迎。威尼斯大公随他做自己喜欢的事情，执政官安德烈·古利提（Andrea Gritti）甚至还对他表示支持。皮埃特罗·阿雷蒂诺高兴地说威尼斯的女人花容月貌，让他都忘了自己的同性恋人。35 岁时，阿雷蒂诺决定定居威尼斯：他在里亚尔托租了一套房子，房主是多美尼克·波拉尼（Domenico Bolani），房子位于圣乔万尼河的拐角处，“大运河风景独美的一侧”，这座房子不久之后被人们称作“阿雷蒂诺宅”，旁边的河道和小路也以他的名字命名[342]。弗朗切斯科·瓜尔迪（Francesco Guardi）在《大运河与里亚尔托桥》（*Canal Grande e ponte di Rialto*）一画中呈现了阿雷蒂诺凭窗远眺的模样，视角似乎是从二楼的百叶窗向外望去。这座建筑——Ca'Bollani Erizzo——13 世纪建成，至今还在原地，只是少了阿雷蒂诺那时的风貌，只余下一楼和二楼的三叶窗，遥想当年作者偏爱倚靠窗边，看着来来往往的人群（每当他这么做的时候，就有大批慕名而来的粉丝挤在里亚尔托桥上看他）。1944 年，未来主义之父菲利波·托马索·马里内蒂（Filippo Tommaso Marinetti）也曾在此小住。

阿雷蒂诺在这座房子里住了22年，他支付房租时以诗抵钱，1551年房主终于忍无可忍，将他赶了出去。阿雷蒂诺只好搬到了不远处的卡波河岸，向莱昂纳多·丹多洛（Leonardo Dandolo）租房住，不过这座房子也是他说服佛罗伦萨公爵替他支付每年60盾的租金之后才租下来的。不远处大运河的对岸还住着一位同时期著名的皮埃特罗——皮埃特罗·本博（1547年逝于罗马）。

1553年，法国国王弗朗索瓦一世送给他一条三斤重的金项链，这条项链成为阿雷蒂诺的标志，出现在他所有的画像中。我们这位作家名气之大甚至威尼斯大公都要交给他外交任务。1543年，他作为威尼斯代表团的一员迎接远道而来的神圣罗马帝国皇帝查理五世。在维罗纳和布罗西亚之间，两队人马碰面，查理五世一听说阿雷蒂诺也在队伍当中，当即召他前来身边。前往佩斯基耶拉的一路上，两人相谈甚欢，查理五世高兴地称阿雷蒂诺为“我最亲爱的意大利朋友之一”[343]。这无疑又拔高了他作品的销量。

现在我们绕回阿雷蒂诺刚到威尼斯的时间点上，他已不再年轻，“未来不定，经济状况窘迫”[344]。那是1527年3月，他来到威尼斯“本想着只是暂住几日，没想到却再也没有离开。待在威尼斯的前几年，他身如浮萍，居无定所”[345]。他选择威尼斯的原因很有可能是因为这是“一座拥有无数印刷工坊的城市，能够确保他的想法最大范围地传播出去，他以前出版的只不过是零零星星的断章残篇”[346]。

现在我们把目光转到他的作品上来，《艳情十四行诗》被认为是史上第一本出版的情色图书。大约1525年完成于罗马，是作者最著名的作品之一。如上文所述，拉斐尔的得意门生朱利奥·罗马诺绘制了一系列大胆露骨的插画，用现在的标准来看就是淫书，马尔康多默·拉伊蒙蒂把这16幅画雕刻成木版画，方便印刷复制。教廷得知这一消息之后大为不悦，将拉伊蒙蒂扔进大牢，阿雷蒂诺四处托借关系才将他释放出来。故事到这里为止，任何头脑清楚的人都应该心满意足：他已经得到了他想要的结果，他的朋友重获自由。然而阿雷蒂诺并没有感觉束缚加身，反而迎头而上，为这些插画写了16篇十四行诗。这就是《艳情十四行诗》的由来，也是他逃出罗马、远游威尼斯的原因。在这里，远离宗教裁判所的地方，他能将含有情爱插画和诗歌的图书送去付印。印刷的时间、地点（1527年，威尼斯）只是专家学者的猜测[347]，因为唯一幸存的余本缺了扉页，也少了扉页背后印的两首诗歌。

这本书（大英博物馆中珍藏着一份低质量的微缩胶卷拍摄版）为瓦尔特·托斯卡尼尼（Walter Toscanini，交响乐指挥家阿图罗·托斯卡尼尼之子）所有；瓦尔特去世七年之后，1978年，它被放在纽约佳士得拍卖行放在公开拍卖。放在一起的还有另外三部作品（都是情色书籍，风格近似阿雷蒂诺，但很有可能并不是他本人的作品）。这本书拍出了3.2万美元的天价，拍卖行并没有透露买家姓名。

我们不知道《艳情十四行诗》究竟销量如何，但鉴于这块崭新的出版领域不仅未被放弃反而愈加时兴，我们推测这本书行情不错。然而此时共和国与阿雷蒂诺之间还在相互试探，“出身不明的罗马廷臣生活奢靡无度，只消瞥上一眼就知道他不能担任要位。让阿雷蒂诺得到重视的或许是他的战略思想和高超手腕，他周旋于各个大人物之间，这种本领若能用心调教，可以为威尼斯共和国所用”[348]。

这时皮埃特罗·阿雷蒂诺开始投入“16世纪最臭名昭著的书籍”[349]的创作，也就是《推论》（*Ragionamento*，1534）和《对话》（*Dialogo*，1536），这两本书合称《六天》（*Sei giornate*）。16世纪30年代伊始，“王都之耻”是一名辩才，一个著名人物——《艳情十四行诗》又给他扣上了荒淫纵欲的帽子——然而这并不是他想成为的那种作家。“他筹划着如何才能使自己作为作家获得认可，并开始执行严苛的职业计划”[350]。坐在书桌旁，他文思泉涌，写下了这本让他臭名远扬的书籍。另一个皮埃特罗——皮埃特罗·本博，1505年出版了《阿索洛人》

（*Asolani*），让优美浪漫的爱情文学走入市场，又在1525年出版《白话文散文》（*Prose della volgar lingua*）使白话文作为文学语言普遍应用。阿雷蒂诺的作品就是用白话文写成的对话体小说，讲的也是爱情故事，不过关照的不是精神，而是肉体；书中的女主角们也不是文艺复兴时期流行的那种怀抱鲁特琴、缥缈如仙的少女，而是出卖身体讨生活的物质女郎。人物设定就决定了这是一篇“低俗小说”，或者说是16世纪初流行的情爱小说。被称为“16世纪巨著之一”[351]的《六天》就这样诞生了，低俗挑逗的对话赋予阿雷蒂诺“最合适的文学表达，抒发他反传统的思想意识和社会意识”[352]。六天的故事情节被分成两节，前三天——《娜娜和安东尼娅的推论》（*Ragionamento della Nanna e dell'Antonia*）——想象在罗马的一个花园里，前妓女娜娜向她的密友安东尼娅解释女人的三种地位：修女、已婚妇女和娼妓。她在思索为她年轻的女儿碧巴选择一条最好的道路，结论就是“说到底，官妓才是最稳妥、最诚实的职业”[353]。为读者阐释妓女的职业时，阿雷蒂诺决不吝惜笔墨描绘性虐场景。

第二部分的后三天在1536年出版，题目更加露骨，让虔诚保守的人更为恼怒：《皮埃特罗·阿雷蒂诺的对话体小说：娜娜向小女儿碧巴解释如何做一名妓女》（*Il dialogo di messer Pietro Aretino nel quale la Nanna insegna alla Pippa sua figliuola a esser puttana*）。这位母亲给小姑娘的几点建议，令普通人都会皱起眉头，“一连串的交合、强奸、乱伦、性虐，人们堕入欲望，在无数次高潮中思绪凌乱：欢迎来到无序的世界”[354]。“《阿索洛人》（*Asolani*）问世29年之后，阿雷蒂诺出版了这本杰出的反浪漫主义作品，文学史上最挑逗最色情的小说《推论》（*Ragionamento*）。对他来说，基督教会的狂怒（甚至将这本书列作禁书）从侧面印证了这部作品的成功。‘无耻之徒阿雷蒂诺’的名号从此叫开了”[355]。

正如我们之前所说，作者与城市的共生关系是绝对的。在16世纪的欧洲，没有其他地方能够成就皮埃特罗·阿雷蒂诺，也没有其他地方能让他写出这样的小说还不被关进监狱，更没有其他地方的印刷系统能保证这本书的发行和传播。“阿雷蒂诺在威尼斯印制的前几版书向我们展示了印刷业内残酷的竞争情况，盗版横行，间或带着伪造的出版标志”[356]。或许这也是鉴别作品成功与否的依据，一方面盗版损害了作者的利益，另一方面提高了作品的知名度。能更进一步证明新兴文学走红的依据是“模仿”：无数作品都将妓女作为主角——从《流浪妓女》（*Puttana errante*，1530）到《蓝宝石》（*Zaffetta*，1531），再从《妓女的税》（*Tariffa delle puttane*，1535）到《做修士的佐比洛和拉皮条的路德维克的推论》（*Ragionamento del Zoppino fatto frate e Ludovico puttaniere*，1539）——阿雷蒂诺很有可能就是灵感源泉。

当宗教裁判所的魔爪伸向威尼斯时，三个世纪里，这本书转为“地下出版物，藏书者和性学家的珍藏，自我审查运动严格监控着一切风吹草动”[357]。

此时，皮埃特罗是一位名作家，他有意开创了新的文学流派，与此同时，他也有意地“发明了新的出版形式——书信集，在整个世纪还有接下来的时间里持续稳定地占有市场份额”[358]。书信集不是各类信件大杂烩，而是名目清晰的有机整合。1538年一月，马克里尼（Marcolini）负责出版了《初本书信集》(*Primo libro delle lettere*)，这是阿雷蒂诺最成功的一本书；他自己也心知肚明：“我将这些新鲜印刷的意大利语信件看作是我亲爱的孩子，我被盗版书伤得千疮百孔的心，终于开始愈合了。”[359]这本书不仅在内容上下足工夫，在装帧上也花了不少心思：它应该“让人一眼就能从书架上辨别出来，不能随随便便、普普通通，因为阿雷蒂诺把他的名誉和未来都搭在了上面”[360]。事实上这本书体积庞大、装饰繁复、价格昂贵、只为少数精英阶级所有。

皮埃特罗·阿雷蒂诺在印刷工坊也有一席之地，不过他并没有参与后续的经营管理。弗朗西斯科·马克里尼（Francesco Marcolini），弗留利人，大概与阿雷蒂诺在同一年来到威尼斯，在他25年的活动生涯中——1546至1549年暂时歇业，他搬到塞浦路斯，为了让妻子免受这位知名作家的骚扰——“他一共负责了126部作品，平均每年出版6部。对于同时代的印刷者来说，这个数字堪称‘战力强劲’”[361]。

我们这位名作家十分注意自我推销，用现在的话讲，叫作营销策略。他与读者之间保持着长久的联系，“询问、感谢、激励、建议、告诫、谴责，总之就是将自己塑造成美德典范、判断标尺，凌驾于读者之上”[362]。

在那个年代，卖书的主要受益方是出版商。作家通常都会被克扣稿费，甚至一文不得。显然阿雷蒂诺不属于这种情况，但是他在马克里尼面前也有退让。对他来说，钱都是从别处而来，主要是诚求捐款。“从《书信集》中我们能看到募捐系统的运作方式，阿雷蒂诺用一如既往的任性态度，给他的老主顾们寄去信函。新鲜的是手稿的传播方式，稿件被大量印刷并寄向各处，就像现代不断更新的发函清单一般。《书信集》出版之后，阿雷蒂诺的赞助者大大增加，对捐款者来说，掏钱买到一通神性的机会亦不失为一件美事”[363]。

生活奢侈如皮埃特罗·阿雷蒂诺，必然开销不菲，尤其是考虑到他家里众多的仆从和寄宿者。“作者在某些场合公开的年收入大约有1600~1700银盾，其中600盾是瓦斯托侯爵和萨莱诺王子许给他的皇室抚恤金，剩下的1000盾是‘我每年用墨水和纸页换来的’”[364]。这真是一个让人目瞪口呆的数字，甚至可以让阿雷蒂诺与当今的畅销作家平起平坐。

第十一章

衰败、回光与终结

"现在，里亚尔托发生了什么新鲜事？"在《威尼斯商人》里，威廉·莎士比亚借索拉尼欧之口发问。贸易力量架构在新闻情报之上。16 世纪时，报纸还不存在，为了获取第一手资讯，威尼斯共和国发明了现代外交体系。它建立起世界上最广泛的使领馆网络，是英国（并不是意大利）外交主体的参考原型。1431 年教宗恩仁四世（原名加百列·孔都梅）上台之际，第一座威尼斯使馆在罗马建成。威尼斯共和国驻神圣罗马帝国使馆的地址是威尼斯宫，几个世纪之后，贝尼托·墨索里尼（Benito Mussolini）将会站在阳台上，望着楼下激动不已的人群，进行一场闻名世界的演讲。

不知道莎士比亚知不知道，在他写作《威尼斯商人》15 年之前，在里亚尔托诞生了历史上第一份期刊。来自翁布里亚的证券经纪人巴尼菲罗·布兰卡齐（Panfilo Brancacci）与同时代的两位大印刷商雅各布·琼达（Jacopo Giunti）、博尼法齐奥·切拉（Bonifacio Ciera）一起，开始在"方便贴在来往信札上的细纸条”[365]上印刷货币汇率和商品价格。当然这与我们今天所说的期刊大有不同，但它确实符合按时出版的特点；我们已知的最早版本要追溯到1585年3月14日，但可能在这之前已经印刷过数回了。

这时威尼斯的书籍贸易笼罩在罗马宗教裁判所的阴云之下，但代表印刷业新生的细致嫩芽正在萌发。只不过重获新生的并不是书籍，而是期刊。从15世纪开始，16世纪尤甚，威尼斯出版业的接力棒递到了报纸新闻手里。“gazzetta（报纸）”这个词诞生于威尼斯，指的是花钱买报的硬币。世界上第一份现代报刊也出自这里，1760年加斯帕罗·高琪（Gasparo Gozzi）创立的《威尼斯日报》，上面主要刊登新闻消息和人物画像。在这之前，1696年，维罗纳人阿博斯特洛佛·奇诺（Apostolo Zeno）开始在威尼斯印制文学期刊。意大利的第一位新闻女编辑叫作伊莉莎贝塔·卡米涅（Elisabetta Caminer），1777年她从父亲手中继承《百科报》。

在恢复生息之前，威尼斯印刷业也经历了一段黑暗时期。

如我们之前所讲，威尼斯书籍贸易的黄金期是15世纪末到16世纪初，其繁荣发展主要基于三点原因：充足的资金、来往的商贸航线和自由的表达权。16世纪下半叶，这些优势开始没落。贵族们解散商会，将资金投入不动产和农业，水源充足的阿尔卑斯山山脚下，工厂轰隆隆地拔地而起。除了专供有钱人游山玩水的度假村，农村地区成为不折不扣的农业和工业中心，威尼托内陆乡间小舍的风景也不复以往。负责工程的是史上最强建筑师的安德烈亚·帕拉迪奥（他的风格对维多利亚时期的英式建筑影响深远，比如华盛顿的白宫和国会大厦。2010年12月6日，美国议会通过第259号法案，正式授予他“美国建筑之父”的称号）。帕拉迪奥1508年出生于帕多瓦，1580年在特雷维索省靠近阿索拉的小城马塞尔逝世（这座城市保留了他设计的巴巴罗别墅，别墅内部由威尼斯人饰以壁画）。除此之外，帕拉迪奥还投身印刷业——1566年维特鲁威（Vitruvio）的《论建筑》（*De architectura*）在威尼斯印制，他负责翻译、评论、画插图。若想让帕拉迪奥或者他的同行敌手设计一座房子，必然耗资不菲，然而少有人为此一掷千金。为了建筑图书界有一席立足之地，二十年前的1537年，在威尼斯诞生了第一本插图书籍，《五种建筑方式的常规规则》（*Regole generali di architetura sopra le cinque maniere de gli edifici*），作者是塞巴斯蒂亚诺·塞利奥（Sebastiano Serlio）和奥古斯蒂诺·蒂姆希（Agostino di Mussi），全书共有126幅插画，其中56幅占据了整版页面。

大西洋航线的通航削弱了地中海海岸的商贸地位，贵族们对形势的转变毫无察觉。威尼斯被排除在新航路之外，商船渐渐涌向欧洲北部的港口。欧洲北部，除了占据大西洋的战略地位之外，也是宗教改革运动如火如荼、不受宗教裁判所管制的自由之地。因此印刷业的中心从威尼斯转移到欧洲北部城市并不是偶然。

还有一件事不能被我们忽略：意大利白话文和意大利方言失去了它们原先的地位。曾几何时，威尼斯和佛罗伦萨的商业实力和文化影响力让意大利语成为通用语言，英格兰国王伊丽莎白一世与奥斯曼苏丹穆拉德三世都是用威尼斯方言互通信件。然而几十年之后，法语无疑取代了意大利语的位置，成为了新的国际语言。

16 世纪中期，宗教裁判所将魔爪伸向威尼斯，1547 年威尼斯共和国成立信理部，“比起十人议会和渎神执行司，（新法庭）有权力也有决心铲除一切新教文学”[366]，也就是说这原本应该是国家司法机关的任务。1548 年 7 月 12 日，在里亚尔托桥和圣马可广场之间，在一位地下书商的家里搜出了 1400 本禁书，书商本人已逃之夭夭，然而这些书都被一把火烧光。这就是时代的转折点。第二次针对新教书籍的火刑是在 11 月 12 日。一年之后，1549 年，神圣罗马帝国驻威尼斯使节乔瓦尼 · 德拉 · 卡萨（Giovanni Della Casa）阁下，完成了第一本《禁书目录》（*Catalogo di libri dannati et proibiti*），总共列出了 149 个条目[367]，但威尼斯贵族——以尼克拉 · 达 · 彭迪（Nicolò da Ponte）为代表，他日后将成为共和国执政官——

反对执行目录内容。两年之后德拉·卡萨又写了著名的《礼仪论》（*Galateo*），这本书相较前作要幸运多了。尽管遭到了执政官的反对，这本目录依然标志着事件的转折：五年之后的1554年，第一本罗马官方禁书目录诞生。尽管威尼斯大公千方百计地抵抗罗马教廷的束缚，在1558年12月30日罗马颁布第二本禁书目录之后，威尼斯还是被迫屈服了。超过600名作家被判罪，400部作品被禁。名单上的作家包括伊拉斯谟（Erasmus）、马基雅维利（Machiavelli）、阿雷蒂诺（Aretino）和拉伯雷（Rabelais）；所有的白话文《圣经》也被废止。"对威尼斯印刷业来说是一次致命打击"[368]。

我们在希伯来语图书那一章已经讲过了第一次烧毁《塔木德》的情景。1553年10月21日，熊熊的火光照亮了神圣罗马帝国使者脸上满意的笑容。"几个月之后，和《塔木德》并列的许多其他书本，都被扔进了火海中，即使是威尼斯版图上的偏远小镇也未能幸免，比如克里特岛，全意大利的希伯来文图书都遭到了灭顶之灾"[369]。

火刑还在继续。1559年3月18日，神圣星期六，在威尼斯，1万到1.2万本图书被付之一炬，以此庆祝宗教裁判所新所长庇护五世（Michele Ghisleri）走马上任。威尼斯印刷商拒绝印制禁书名录，这让庇护五世大为光火，他三次敦促信理部将不听话的印刷商的名单交给他，"这些书商的命运如何，不需多说"[370]，书也是同样。

1562年，威尼斯建立了自己的规定：每份手稿都要交给一位神职人员和两名普通人过目。但这只是一项费时费钱的举措。获得印刷许可权要经过1到3个月的时间，出版商要给每位读者多让出1达克特用于检查书稿；自1569年开始，印刷商还要提供两份手稿，一份用于检验记录，一份用来与印刷稿核对。

满城风声鹤唳。1565年在威尼斯，在丝绸店铺"整日阅读"的工人，完全有理由被信理部的牧师扣上罪名。[371]

印刷机数量的浮动映照出整个行业的衰退：1588年从120架减少到70架，1596年40架，1598年34架。[372]这些数字固然意义深刻，但是印刷机的数量并不能决定总印刷量，单个印刷机印制图书的多少才是关键。从获得出版许可的新书名目中，我们可以看到，出版量在1560—1574年达到峰值（平均一年89.3本），1575—1584年由于疫病的影响，下滑到平均每年45.2本，之后在1585—1599年又回升到每年72.9本[373]。危机确确实实是存在的，然而并没有我们想得那么严重。

书贩们寻找回应策略，他们不想就此消失，不想被罗马宗教裁判所扫地出局，也不想让商贸中心移到北边。因此他们开始迎合天主教改革的口味：印制宗教文本。"以宗教为题的书籍在16世纪50年代占新书份额的13%到15%，1562—1582年涨到25%，余下的整个世纪都大约维持在33%左右。一方面，白话文写成的世俗文学，在16世纪50年代占比25%到31%，接下来的10年里掉到了20%，之后就一直维持在这个数字上甚至更低。更别提现世题材的文学作品，它们极有可能被控诉为反教权、不尊礼、低俗下流，现在印刷商更愿意印制信仰虔诚的作品。整个16世纪下半叶，宗教书籍占新书份额百分比摇摆在43%到57%之间（平均49%）”[374]。

1571年10月7日的勒班陀战役影响了出版业，虽然出现了一大批小册子兴高采烈地鼓吹这场胜利的划时代意义，但从军事和策略的角度上来看，并没有这么夸张。“罗马教皇的十字远征军自然更加需要宗教裁判所机警严格的指令”[375]。这时期罗马和威尼斯的关系十分紧密，不过之后两国日渐疏远，直到1606年教皇一声令下废除威尼斯共和国的圣职。

罗马，扮演了一个贪婪的掠夺者的角色：它不仅要控制东正教图书的出版，还要掌握海外宗教书籍的印刷权，意在将图书印制权收归中央，比如，阻止台伯河两岸重印出版书籍。“1575—1584年这困顿的十年间，威尼斯的出版量下降到与其他意大利城市毫无差别。罗马和都灵的印刷工坊迎头赶上，在威尼斯复兴之后依然持续膨胀。直到16世纪的最后十年，威尼斯才重回巅峰位置，出版量超过其他城市总出版量的15%。16世纪80年代末，原先不起眼的罗马印刷业变成了第二位”[376]。现在，威尼斯的龙头地位彻底丧失：1600年，潟湖地区出版的图书仅占“同时期巴黎出版量的50%到55%”[377]。

威尼斯印刷业的复兴，就像本章开头讲到过的，并不是依仗书籍出版，而是靠期刊。信息是商业的血液，即使威尼斯的国际地位有所下滑，它依然密切地关心着世界形势的风云变幻，有点类似今天英国的情境——尽管日不落帝国的殖民地已是过去时，但不列颠还是对外国发生的一切持续保持关注。

15世纪的威尼斯，消息是靠手抄报发布的，印刷报纸只是补充。“手抄报”和“报纸”之间的明争暗斗持续了很久，印刷机渐渐地代替了钢笔，不过肉眼所见的进程比我们脑海中想象的要缓慢得多。在很长一段时间里，人们认为印刷报只是公告的另一种形式，而手抄报才是权威且无须审查的消息源（只有印刷工坊出品的读物才需要送检）。“正是因为这个原因，至少在政府和宫廷里，几十年的时间里，（印刷报）得到的信任很是有限，受到的待遇也同手抄报天差地别”[378]。我们来还原一下这个场景：当满载琳琅货品和最新消息的航船停泊威尼斯岸边，记者飞也似的冲向船长或其他船员探听消息，再跑回办公室把刚才听来的故事记录下来，手稿被张贴在门外，好奇的人们早已挤作一团争相阅读。印刷报呢，还得经手印刷商，排版刻字，申请许可权，然后再印刷。等到这时候，新闻早就变旧闻了。

我们讲过，第一份出现在潟湖区的期刊要追溯到16世纪80

年代，1605 年第一份印刷出版的报纸诞生在斯特拉斯堡，威尼斯在其传播方面起到了关键性的作用。“周刊的印刷反映了人们对新鲜消息的追求，在千百年的过程里，它在慢慢地成熟和发展”[379]。17 世纪末，对土耳其战争前线消息的需求刺激了报纸发行量的增长：1683 年围攻维也纳；1686 年攻下布达；1684 年威尼斯对土耳其宣战，两年之内拿下伯罗奔尼撒；1687 年包围雅典（轰炸摧毁了被士兵改装成炸药库的帕特农神庙）。这些叙述摘自《在雅典附近发现的最奇特与最古老之物的关联》[1]，大约在 1687 年年末由安东尼奥 · 波西奥（Antonio Bosio）出版。这是一份别有趣味的城市报告，文中描绘了著名建筑和它们的现状，无疑是采用的一手资料。[380]

大印刷商们没有抓住战时的商机，小书贩们趁机钻了空子。“走在圣马可广场和里亚尔托桥之间，能碰见不少挎着篮子的小贩、搭棚子的小摊，还有货品满架、应有尽有的店铺。他们将身家财产投入竞争激烈的新闻印刷业中，有一部分原因是零散的纸张不需要申请印刷特许权。在白热化的竞争中，冲突口角接连不断。一旦拿到了军事新闻，就要立刻付印，快马加鞭赶到广场上叫卖”[381]。印刷商之间免不了摩擦，甚至有一次还动了刀子，其中一人被他竞争对手的雇员划破了脸颊。

---

[1] 原书名为 *Relatione delle cose più curiose ed antiche che si ritrovano in vicinanza di Atene.* ——作者注

监察员睁一只眼闭一只眼，有时干脆两只眼都闭上了，比起报纸的内容，他们更注重检察的形式。惯例就是印刷商要先去拜访帕多瓦大学监察员（即三位帕多瓦大学提名的贵族官员，他们有权审查作品内容）的秘书，由他将印制好的文章呈给监察员请求发行许可。但印刷商们可不想浪费时间，想要赢得竞争，就必须率先抵达圣马可广场。因此他们略过第一步，直接奔向监察员的家中争取许可权。

那时最出类拔萃的印报人当属“吉罗拉莫·阿布里奇（Girolamo Albrizzi），他创立的商业帝国坐拥19世纪上半叶各个品类的期刊、报纸。阿布里奇是一位布商的儿子，1662年出生，1684年10月14日加入印刷商的队伍。一年之后，他在圣朱利安教堂后面开了一家印刷店，起名为‘以神之名’，从此，这里变成了他印刷书籍出版报刊的根据地”[382]。1686年春天，在上流社会无亲无故的阿布里奇发行了《布拉的切萨雷奥地区报》(*Giornale del campo cesareo di Buda*)，这份报纸将成为当时众多军事报纸中最成功的一份，四年以来一周一份。消息是从维也纳传来的，源头就是哈布斯堡王朝的诸位印报人，其中首屈一指的叫作约翰·凡·格伦（Johann van Gehlen），他与其他人不一样，不是经过某家印刷店从别人那里获取消息，而是亲自奔赴前线搜罗一手新闻，“以正确的意大利语书写精准的报道，削去花里胡哨的修辞，将事件以最朴素真诚的面貌呈现读者面前”[383]。消息从前线战场到威尼斯市场需要二十几天的时间。阿布里奇还在报刊上刊登广告，广告内容主要是他旗下其他的报纸杂志，也有各式各样的商品，比如他的书店里兜售的水：“新鲜纯净，至美之水，匈牙利女王认证，对您的身体大有益处”[384]。

“军事活动蔓延到了地中海的舞台上，威尼斯人和意大利人表现出对战事极大的关心，然而这些消息并非来自维也纳，1687 年阿布里奇推出了另一份报纸《关于黎凡特地区威尼斯军队的报道》（*Giornale dell'armata veneta in Levante*），报道的都是威尼斯军队在达尔马提亚、阿尔巴尼亚、伯罗奔尼撒取得的胜利，消息直接从威尼斯军舰上得来。有人怀疑阿布里奇手里的新闻就是指挥官送回威尼斯的捷报，然而通过对比印刷报纸和执政官官邸收到的信件，这种疑虑立刻烟消云散。两者虽然在文稿上同步性颇高，但细节之处多有出入。阿布里奇似乎有在军舰上服役的线人，能记住官方信件的大致内容并叙述出来”[385]。可惜我们不知道这位身在前线的记者姓甚名谁，不然他可以跟爱尔兰人威廉·霍华德·拉塞尔（William Howard Russell）一论短长，拉塞尔作为世界第一位战地记者，1854 年为《时代》周刊工作，记录了克里米亚战争期间，他跟随不列颠轻骑兵在巴拉克拉瓦作战的日子。

与奥斯曼土耳其人之间的冲突，始于 1683 年维也纳的沦陷，终于1718年波扎雷瓦茨的和平解放。战争期间威尼斯征服了伯罗奔尼撒，开始了对地理出版物的需求。维琴佐·克罗奈利（Vincenzo Coronelli）神父，芙拉利修道院（如今的国家档案馆）的一名方济各会修士，1678到1718年在威尼斯工作。他是威尼斯共和国的天体学家，曾为法兰西国王路易十四世制作了两个地球仪，一个陆地的，一个天空的（最近正在巴黎大皇宫展览）。他还出版了总计13卷的《威尼斯地图集》（*Atlante Veneto*）和27卷的《战争区》（*Teatro della Guerra*），书中标出了战役发生的地点，以及从奥斯曼人那里赢来的城市和碉堡。[386]

报纸期刊正盛的时代，威尼斯印刷业已经不仅局限在威尼斯城中，而是变得区域化——18世纪，或者说是“雷蒙蒂尼的世纪”。在维琴察省的巴萨诺-德尔格拉帕，雷蒙蒂尼家族创建了18世纪欧洲最大的印刷厂，让·勒朗·达朗贝尔（Diderot e D'Alembert）在《百科全书》（*Encyclopedie*）中讲道：“布伦塔河流域以雷蒙蒂尼印刷厂而知名，这座工厂雇用了180名员工，拥有50台印刷机，用以印刷图书画作。”[387]

从1670年说起，雷蒙蒂尼家族经历了130余年的风风雨雨，其故事可谓引人入胜又着实漫长。雷蒙蒂尼成为彼时显赫一方的富商巨贾，与达官显贵、名流逸仕来往亲密，比如剧作家加斯帕·哥奇（Gasparo Gozzi），或者威尼斯共和国倒数第二位执政官保罗·雷尼尔（Paolo Renier），他们都是位于巴萨诺的雷蒙蒂尼别墅的常客。但名声也带来许多麻烦：1766 年到 1773 年，雷蒙蒂尼一直在与奥格斯堡的铜画印刷商斗智斗勇，后者气恼巴萨诺人抢占了德国雕刻市场；1772 年，西班牙国王查理三世控诉雷蒙蒂尼的出版物唐突冒犯。

凭借与意大利东北部人一致的精准直觉和杰出商业能力，在 20 世纪下半叶，雷蒙蒂尼将少有人留意的荒地变成了一片丰沃的田野。

巴萨诺出版商（创始人是乔瓦尼·安东尼奥，但将产业发扬光大的却是他的孙子詹巴蒂斯塔）的财富主要来自于印刷画作，从前这项工作是低水准印刷商的活计：圣人肖像、宗教插画、受到百姓欢迎的传统主题画像。雷蒙蒂尼家族采用铜板雕刻技艺印制作品，这些画作传遍欧洲，以至于人们戏谑挖苦地称它们为“雷蒙蒂尼圣像”[388]。但是，所有的基础经济课都会告诉你，成功的企业必须有多样化的产品。因此除了圣像之外，雷蒙蒂尼还加入了动物题材的作品，比如《家猫》（*Il gatto domestico*）和《寻菇犬》（*Il cane barbino*），或者针对贫困阶级推出的低成本神话画作，比如《世界颠倒》（*Il mondo alla rovescia*）和《安乐乡》（*Il paese di cuccagna*）——“在这里工作越少，挣得越多”，或者是万千男孩最爱的玩具——“小士兵”，小人们来自各个军队，身着五颜六色的制服。1730 到 1750 年，雷蒙蒂尼也生产壁纸。1750 年之后，他们还制作五颜六色的扇子和卡牌，包括出口西班牙的塔罗牌，这些牌又从马德里流入西班牙海外殖民地。

这个时间点上，雷蒙蒂尼的工厂覆盖领主广场，即巴萨诺的整个北部地区。18 世纪下半叶，“他们拥有 54 台印刷设备，其中 32 台用来印制铜版画，18 台用来印刷图书，还有 4 台制作镀金纸。周边产业也有不少：雕刻学校、雕刻师、插画师、装订师的工作坊、三间抛光师和打孔师的铺子、准备染色的房间、铸造金属活字的路子，还有不计其数用来储存产品的仓库”[389]。雷蒙蒂尼名下还有三间造纸厂，一间在布伦塔河，一间在皮亚韦河（威尼斯共和国领土上最大的造纸厂），它们为印刷厂提供了源源不断的纸源。

18 世纪下半叶，雷蒙蒂尼开始印制地图和游戏书[390]。这是威尼斯又一个引以为豪的传统领域。历史上第一本游戏书出版于 1603 年的维罗纳，名叫《消遣》（*Passatempo*）；紧接着又推出了第二本，叫作《迷宫》（*Laberinto*），这本书在威尼斯共有两版，分别在 1607 年和 1616 年面世。不幸的是，原本保存在圣马可图书馆 1607 年版《迷宫》已经遗失（很有可能是被盗走了），好在我们知道剩下两本的下落，它们一本在佛罗伦萨，一本在伦敦。1603 版《消遣》一度去向不明，直到最近——2011 年在布雷西亚——才被系统分析员罗贝特·拉班蒂（Roberto Labanti）和数学家兼魔术师的马里亚诺·托马蒂斯（Mariano Tomatis）发现，托马蒂斯还向我们复原了它的用途："意大利宫廷中人常拿这本书变戏法，当作消遣，具体做法是，请某个人在脑海中想一个数字，纸页上分有四栏，选数字出现的那一栏，每一栏底部有指示再翻到某某页，形成一个非线性的阅读过程，让不明所以的游戏者猜测刚才选中的数字。"出人意料的是，《消遣》和《迷宫》是同时代的产物。魔术书自然也有不少优秀作品，但不可避免地缺乏交互性。两本书的作者是威尼斯贵族安德莱亚·吉西（Andrea Ghisi），雷蒙蒂尼与吉西不一样，他的目标客户群不是有钱、有教养的上流人士，而是普普通通的平民百姓，不管是圣像、小士兵还是游戏，哪里有人买，他就把产品往哪里送。来自泰西诺山谷（特伦托省境内）和南蒂罗尔的加尔德纳山谷（两地皆属哈布斯堡王朝、威尼斯属斯洛文尼亚以及威尼斯共和国）的旅行商贩让他们的货物遍及整个欧洲。尤其是泰西诺小贩，他们的篮子里装满印刷品，沿着整个大陆兜售叫卖，每隔三四年才能回到家乡，因此坊间流传着一句话："senza Tesini, niente Remondini（没有泰西诺，就没有雷蒙蒂尼）。"——从皮耶韦泰西诺走出了意大利最著名的政治人物之一阿尔契德·加斯贝利（Alcide De Gasperi），1911 年他成为奥匈帝国帝国议会的议员，也是意大利天主教民主党的创始人，1945 年到 1953 年担任意大利总理；很有可能他的祖先也曾跑遍全世界售卖圣像。上路之前，商贩们会赊账买进印刷品，贷款获得要缴纳的关税和旅途所需的现金；回家之后他们要还清之前的钱款。只是事情不总如计划中的那么顺利，慢慢地，雷蒙蒂尼家族凭着缴收小商小贩的欠款富甲一方，成为名门大户。[391]

从泰西诺山谷走到巴萨诺需要两天的时间，因此雷蒙蒂尼家族决定在皮耶韦开设一家代理站。在18世纪末，建设这样一座代理站的成本比他们在威尼斯新开的分公司还要多出40%[392]。代理站里堆满各式各样的货品，足够填满每一位商贩的货篮。有些商贩成群结队地从威尼斯属斯洛文尼亚赶来，由于他们讲的是斯拉夫语，因此主要活动在东欧地区，与此同时，泰西诺人的足迹遍布全球。打个比方，1730年左右，他们活动在伊比利亚半岛，之后又从这里到达美洲，在反方向，他们最远到达俄国；售卖雷蒙蒂尼印刷品和游戏的商人甚至还去到西伯利亚和阿斯特拉罕。在《卡拉马佐夫兄弟》（*The Brothers Karamazov*）中，费奥多尔·陀思妥耶夫斯基（Fyodor Dostoevsky）有一段对于左西玛修道院的描写，其中提到的可能就是雷蒙蒂尼的货物："精致、昂贵的书画旁边摆着的是几张粗制滥造的俄罗斯印刷品，圣人像、烈士像、天使像……在集市上只能卖个仨瓜两枣。"皮耶韦档案馆里记录着90名于1724—1824年间客死异乡的泰西诺人：40个死在德语国家，8个在俄国，5个在荷兰，还有5个在匈牙利，剩下的在欧洲各国，还有1个在纽约州首府奥尔巴尼[393]。

商贩中的成功人士在欧洲各城开办商店，售卖雷蒙蒂尼的印刷品。其中有个来自泰西诺山谷商人名叫西蒙纳多（Simonato），他在罗马拥有一间店铺，虽然并非出自本意，但他却点燃了雷蒙蒂尼家族与马德里宫廷之间耗时耗资的斗争。西班牙大使逮捕了他，并称他在《最后的审判》（*Giudizio universale*）中将西班牙国王卡洛斯三世的纹章与魔鬼放在一边。为了平息这场外交风波，雷蒙蒂尼掏出了一袋又一袋装得满满的金币。

流动商贩不仅售卖印刷品，返回之后还肩负着一项重要任务：提供新消息。关于画上的圣人，有一个不可回避的问题：不同地区有不同地区的信仰习惯，很有可能南欧的居民从来没听说过圣比德的名字，那不勒斯以外的地方也并没有人对圣雅纳略感兴趣。“商贩们来来往往，把巴萨诺版画卖到各个国家人民的手中”[394]。雷蒙蒂尼家族印刷拉丁文、希腊文、西里尔文和希伯来文，也印刷意大利语、西班牙语、葡萄牙语、法语、德语、英语、俄语和希腊语。他们的产品质量不高，但胜在品目繁多，能在第一时间销往各地。拿破仑入侵之后危机来临，不过几十年之后印刷厂才彻底倒闭，那是1860年，威尼斯并入意大利王国后不久。

18世纪时，威尼斯让出了印刷之王的宝座。然而，这座城市仍然在外语图书领域实力强劲。不为人知又十分有趣的当属卡拉曼里文书籍印刷史。今天，我们使用的每一门语言都有对应的字母表：英语和拉丁字母，希伯来语和希伯来字母，俄语和西里尔字母。但在过去，字母的选择跟地域有关。最显著的例子就是土耳其语，它可以写成阿拉伯文、希腊文、亚美尼亚文、格鲁吉亚文、希伯来文、西里尔文或者拉丁文，取决于以土耳其为母语的人生活在哪片区域。另一个例子是阿尔巴尼亚语。直到一个多世纪之前，讲阿尔巴尼亚语的穆斯林依然用阿拉伯字母写作，天主教徒用拉丁字母，东正教徒用希腊字母。同样地，直到1991年南斯拉夫解体，天主教克罗地亚人一直在用拉丁字母写塞尔维亚–克罗地亚语，而信仰东正教的塞尔维亚人则使用西里尔字母。

几个世纪以来，讲土耳其语的奥斯曼东正教教徒一直拥有一种特殊的文学形式：所谓的卡拉曼里文。文章是用希腊字母写成的土耳其文。主要存在于小亚细亚的卡帕多细亚，在地中海、爱琴海、红海沿岸，君士坦丁堡、伊兹密尔等城市，塞浦路斯和巴尔干半岛也曾留下痕迹。

1718年，第一本卡拉曼里文图书大约在君士坦丁堡问世，题目叫作《基督教信条选集》（*Florilegio della fede cristiana*），但是直到18世纪中期，卡拉曼里文图书才渐渐多了起来：1743

年到1800年，31本图书出版，32本来自威尼斯。1718年对于奥斯曼图书来说是特别的一年，希腊文字母写成的土耳其语书籍上市之后，过去了不到十年（1727年），亚美尼亚字母写成的土耳其语图书诞生了，最终在1729年，阿拉伯字母写成的土耳其语书籍也应运而生。《选集》（*Florilegium*）很可能是第一本付印的土耳其语图书，不论是采用什么字母。19世纪时，卡拉曼里文图书壮大到了432部，出版地主要是在君士坦丁堡和雅典。20世纪时，截止到1935年，又有138部图书付印[395]。“一个世纪之前，世界的印刷中心无疑就在威尼斯。到1811年，有少量卡拉曼里文图书在别的城市推出（阿姆斯特丹、莱比锡、布加勒斯特、君士坦丁堡加起来一共有12本，然而威尼斯自己就印制了32本）。1780年以前，引领威尼斯卡拉曼里文图书出版的商人叫作安东尼奥·巴尔多利（Antonio Bartoli）；在他之后，领导权转移到了伊庇鲁斯人尼克罗·格里奇（Nicolò Glici）手中”[396]。

1826年到1935年之间，威尼斯失去了卡拉曼里文图书市场的领导地位，格里奇的工作也被一家希腊印刷社芬尼斯（Fenice）接手。1923年卡拉曼里文学绝迹，彼时居住在小亚细亚的希腊人（两地所讲的语言无差）不得不离开故土，搬去希腊。最后一本书于1929年在雅典印制；有证据显示1935年还有一版，但这本书至今下落不明。尽管希腊人所用的土耳其语今天几乎已经灭绝了，但还有几位老人仍能回忆起童年的诗文和歌谣。

1797 年 5 月 12 日，在拿破仑的突击猛攻之下，威尼斯共和国终于垮塌，威尼斯失去了作为一个独立国家首都的地位，出版业活动也走到了尽头，然而其中有一个值得注意的例外：亚美尼亚语出版业。我们已经在前面的章节中讲过了，16 世纪，甚至以后的诸个世纪，亚美尼亚出版业始终保持着生机活力。第一版亚美尼亚语《圣经》1666 年在阿姆斯特丹付印，但绝大多数都在运往君士坦丁堡的路上沉入大海。第二版书在奥斯曼首都印刷，但制作过程仓促，到处都是印刷错误。亚美尼亚历史的奠基之作是所谓的《神父〈圣经〉》(*Bibbia dell'abate*)，即美奇塔尔神父 1735 年在威尼斯印刷的那本。1716 到 1749 年，美奇塔尔"相信自己传道使命中的最高之作已然诞生"[397]，他出版了 50 部作品，其中有 16 部是完全原创[398]。1789 年在利多岛旁边的圣拉兹罗岛上，一座亚美尼亚印刷工坊拔地而起。开展印刷工作的前 11 年里，它出版了 36 卷图书。整个 19 世纪，亚美尼亚种族大屠杀和沙皇统治时期，圣拉兹罗岛上的这座印刷工坊成为全世界亚美尼亚人的避难之所。课本、宗教图书和文学书皆出自威尼斯；圣拉兹罗岛出版的书籍远达土耳其、沙俄，还有两个世纪以来流民无数的法国和美国。1989 年柏林墙倒塌。1991 年苏联解体，亚美尼亚共和国成为一个独立的新国家；距 1375 年亚美尼亚民族建立的第一个国家西利西亚王国灭亡已经过去了 6 个世纪。威尼斯退出历史舞台，圣拉兹罗岛上的印刷工坊亦失去了它的重要地位，大幕落下的几年之前，世界上最重要的亚美尼亚印刷厂被拆除一空，化为废墟。

19 世纪到 20 世纪，为威尼斯印刷业吟咏绝唱的人叫作费迪南多·翁嘉尼亚（Ferdinando Ongania），他是“第一批凭借商业直觉将摄影技术引入传统印刷业的出版商之一”[399]。他耗时十年，制作出长达 16 卷的《圣马尔谷圣殿宗主教座堂》（*La Basilica di San Marco in Venezia*），425 张插图分别印在 391 张纸页上。这套书不仅全面探索了威尼斯最负盛名的教堂，也将出版人推向了行业顶端。翁嘉尼亚的印刷事业始于 1871 年，终于 1911 年，也就是说威尼斯并入意大利不久之后他便做起了这项生意，彼时这座城市荒芜颓废，光彩不复。少年时期，他曾在明斯特（Münster）兄弟的书店里当学徒，兄弟三人分别叫作厄尔马诺（Ermanno）、费德里科（Federico）和马希米莱诺（Massimilaino），来自汉堡，1846 年开办了这家书店，同年统治威尼斯的奥地利人开通了一条桥上铁路，为这座城市带来大批游客。“这三年里圣马可广场延长了夜间的开放时间，用天然气点亮盏盏灯火，重现当年的热闹景象，也刺激了商业活动”[400]。书店面对着圣马可广场，在拿破仑政府的羽翼下小心经营。年轻的费迪南多渐渐学会了生意之道，店主兄弟接连离去，最后只剩马希米莱诺，或许是感觉身处异乡格格不入，他也无心打理店铺，因此身为前店员的费迪南多将这家书店买了下来，与一位从基辅来的乌克兰友人伊凡·贝罗瑟斯基（Ivan Beloserski）合作。然而一年之后伊凡离他而去，另立门户。

费迪南多·翁嘉尼亚认为自己有能力继承伟大的威尼斯印刷业，但想要立足市场，不被米兰、都灵、佛罗伦萨的同行击败，就要另辟蹊径，建立自己的事业。科学技术向他伸出了援手：翁嘉尼亚的所有出版物均“采用最尖端的影印技术”[401]。他拍摄的相片之清晰，日光反射印刷法之精美，即使用现在的技术也难以完全复刻。“这位年轻的书商让威尼斯站在了影印业的桥头浪尖，他骄傲地宣称自己将先前闻所未闻的‘胶版印刷术’引进意大利”[402]。

不管怎么说，摄影集的制作成本相当高昂，为了资助自己的印刷活动，翁嘉尼亚毫不犹豫地将店铺作为观光点展示给游人。琳琅满目的书籍、文玩满足了那些出手阔绰的观光者一时的兴致和虚荣心。他的摄影集也正是为这类顾客设计的：典雅精致，限量发售，价格昂贵，文字很少且大多数还不是意大利文。印制一卷卷的画册险些让翁嘉尼亚破产：他要雇用画家、设计师、摄影师制作图片，“然后请卡弥洛·博伊托（Camillo Boito）聚集一帮历史学家、考古学家和建筑师，提供必要的知识，翻译相关的文段”[403]。这项事业使他名扬四海，成为欧洲甚至整个世界家喻户晓的大人物：在意大利、法国、奥地利、匈牙利、英国和美国获奖无数。

翁嘉尼亚身上拥有16世纪印刷产业先驱所有的珍贵品质：精准的商业直觉、对实验和创新的渴望、使用划时代新技术的能力。所有的辛勤努力最终将翁嘉尼亚推向王座，然而四个世纪之前作为世界之都的威尼斯早已繁华不再，他的成功只来得及为这一场盛景画上句号。翁嘉尼亚一生出版了145部作品，对威尼斯城进行了全方位的描绘，让如今已是残垣断壁的某些角落重新为今人所知。1911年8月20日至21日的夜晚，69岁的翁嘉尼亚在瑞士圣莫里茨猝然离世，他刚刚收回了印制《圣马尔谷圣殿宗主教座堂》的投资，并决定在一个女儿的陪同之下前往瑞士放松休假。他去世后，书店渐渐走向倒闭，威尼斯印刷史上的最后一个天才也踏上了通往天国的道路。

致　谢

感谢将我带入印刷史这番广阔天地的许多位师长友人。在此，我要感谢我的挚友安娜丽莎·布鲁尼（Annalisa Bruni），她为威尼斯圣马可图书馆工作，一直到高中时期我都时常跑来阅读书籍查阅资料，尽管现在不常登门，这里对我来说依旧弥足珍贵。

感谢安琪拉·诺沃，在意大利的另一座书籍殿堂——米兰布雷拉图书馆（la Braidense di Milano）中，她向我叙述了《古兰经》的发现过程，真诚地阅读并友善地纠正了文章中的错误。乔治·蒙特奇也参与了这次发现。如今，《古兰经》被精心保存在里诺·斯嘉博萨神父手中，穆罕默德·萨勒姆·艾什肯亦付出了大量时间精力投入研究。我愿将这一声真诚的感谢送给所有人。

感谢贝克·锡维基安（Baykar Sivazliyan）为我扫除了有关亚美尼亚文图书的种种疑惑。感谢翁贝尔托·福尔提斯（Umberto Fortis）、托比亚·拉瓦（Tobia Ravà）和朱利亚诺·塔玛尼（Giuliano Tamani）在希伯来语书籍方面为我答疑解惑。尤其是托比亚，他十分谦恭地阅读并修改了这篇文章。

同样感谢西蒙内塔·佩卢西（Simonetta Pelusi），她也亲切应允了我的请求，阅读关于斯拉夫语出版业的章节。感谢艾伦·贝（Allan Bay）和克里斯托弗·本萨图（Cristoforo Pensato）在烹饪学方面给予我的帮助。感谢乔治·格拉齐亚蒂（Giorgio Graziati）在药学领域对我的指点。还有安娜·维佳诺（Anna Viganò）和帕特里奇娅·图巴（Patrizia Tomba），感谢她们为我敞开了里左利医院（Istituto ortopedico Rizzoli）图书馆的大门。

尾　注

第一章

书籍之都威尼斯

1 Helen Barolini, *Aldus and His Dream Book*, Italica Press, New York (NY) 1992, p. 8.

2 Angela Nuovo, *Il commercio librario nell'Italia del Rinascimento*, Franco Angeli, Milano 1998, p. 161.

3 Martin Lowry, *Il mondo di Aldo Manuzio. Affari e cultura nella Venezia del Rinascimento*, Il Veltro, Roma 2000, p. 34.

4 Nuovo, *Il commercio...*, cit., p. 116.

5 Lowry, *Il mondo...*, cit., p. 34.

6 Nuovo, *Il commercio...*, cit., p. 170.

7 Nuovo, *Il commercio...*, cit., p. 98.

8 Nuovo, *Il commercio...*, cit., p. 117.

9 Nuovo, *Il commercio...*, cit., p. 99.

10 Nuovo, *Il commercio...*, cit., p. 148.

11 Giovanni Ragone, *Classici dietro le quinte. Storie di libri ed editori. Dante a Pasolini*, Laterza, Roma-Bari 2009, p. 43.

12 Lowry, *Il mondo...*, cit., p. 188.

13 Ragone, *Classici...*, cit., p. 43.

14 Nuovo, *Il commercio...*, cit., p. 121.

15 Nuovo, *Il commercio...*, cit., p. 121.

16 Jane A. Bernstein, *Print Culture and Music in Sixteenth-Century Venice*, Oxford University Press, New York -Oxford 2001, p. 34.

17 Brian Richardson, *Printing, Writers and Readers in Renaissance Italy*, Cambridge University Press, Cambridge (UK) 1999, p. 23.

18 Lowry, *Il mondo...*, cit., p. 19.

19 Lowry, *Il mondo...*, cit.,p. 20.

20 Richardson, *Printing...*, cit., p. 19.

21 Lowry, *Il mondo...*, cit., p. 21.

22 Lowry, *Il mondo...*, cit.,p. 16.

23 Lino Moretti, *Il libro veneziano nei secoli, in Venezia città del libro. Cinque secoli di editoria veneta e mostra dell'editoria italiana*, Venezia, Isola di San Giorgio Maggiore, 2 settembre - 7 ottobre 1973, p. 15.

24 Richardson, *Printing...*, cit., p. 25.

25 Richardson, *Printing...*, cit., p. 27.

26 Marino Zorzi, introduzione a Scilla Abbiati (a cura di), *Armeni, ebrei, greci stampatori a Venezia*, Casa editrice armena, Venezia 1989, p. 17.

27 Marino Zorzi, introduzione a Scilla Abbiati (a cura di), *Armeni, ebrei, greci stampatori a Venezia*, Casa editrice armena, Venezia 1989, p. 17.

28 Jane A. Bernstein, *Music Printing in Renaissance Venice. The Scotto Press (1539-1572)*, Oxford University Press, New York - Oxford 1998, p. 14.

29 Guido Davico Bonino, *Lo scrittore, il potere, la maschera*, Liviana, Padova 1979, p. 72.

30 Ragone, *Classici...*, cit., p. 44.

31 Marino Zorzi, *La circolazione del libro a Venezia nel Cinquecento: biblioteche private e pubbliche*, «Ateneo Veneto», n.s., 28(1990), p. 135.

32 Marino Zorzi, *La circolazione del libro a Venezia nel Cinquecento: biblioteche private e pubbliche*, «Ateneo Veneto», n.s., 28(1990), p. 135.

33 Zorzi, *La circolazione...*, cit., p. 129.

34 Lucien Febvre, Henri-Jean Martin, *La nascita del libro*, Laterza, Roma-Bari 1985, p. 229.

35 Nuovo, *Il commercio...*, cit., p. 68.

36 Febvre, Martin, *La nascita del libro*, cit., p. 210.

37 Febvre, Martin, *La nascita del libro*, cit., p. 210.

38 William Shakespeare, *Il mercante di Venezia*, tr. di A. Serpieri, Garzanti, Milano 1999, p. 7.

39 Nuovo, *Il commercio...*, cit., p. 168.

40 Filippo De Vivo, *Information & Communication in Venice. Rethinking Early Moderm Politics*, Oxford University Press, Oxford - New York 2007, p. 5.

41 Richardson, *Printing...*, cit., p. 5.

42 John R. Hale, *Industria del libro e cultura militare a Venezia nel Rinascimento, in Storia della cultura veneta*, vol. III, t. II, Neri Pozza, Vicenza 1980, p. 247.

43 Ragone, *Classici...*, cit., p. 44.

44 Moretti, *Il libro...*, cit., p. 28.

45 Edler De Roover, *Per la storia dell'arte della stampa in Italia*, «La Bibliofilìa», LV (1953), p. 114.

46 Nuovo, *Il commercio...*, cit., p. 76.

47 Nuovo, *Il commercio...*, cit., p. 76.

48 Nuovo, *Il commercio...*, cit.,p. 79.

49 Nuovo, *Il commercio...*, cit.,p. 184.

第二章

书籍界的米开朗琪罗——阿尔多·马努齐奥

50 Martin Lowry, *Il mondo di Aldo Manuzio. Affari e cultura nella Venezia del Rinascimento*, Il Veltro, Roma 2000, p. 43.

51 Mario Infelise, *Manuzio, Aldo, il Vecchio, in Dizionario biografico degli italiani*, vol. LXIX, IEI, Roma 2007, p. 237.

52 Helen Barolini, *Aldus and His Dream Book*, Italica Press, New York 1992, p. 6.

53 Helen Barolini, *Aldus and His Dream Book*, Italica Press, New York 1992, p. 4.

54 Infelise, *Manuzio...*, cit., p. 237.
55 Lowry, *Il mondo...*, cit., p. 72.
56 Lowry, *Il mondo...*, cit.,p. 81.
57 Lowry, *Il mondo...*, cit.,p. 45.
58 Lowry, *Il mondo...*, cit.,p. 84.
59 Infelise, *Manuzio...*, cit., p. 238.
60 Lowry, *Il mondo...*, cit., p. 85.
61 Giuliano Tamani, *Edizioni ebraiche veneziane dei secoli* XVI-XVII, *in Simonetta Pelusi (a cura di), Le civiltà del libro e la stampa a Venezia*, Il Poligrafo, Padova 2000, p. 33.
62 Erasmo da Rotterdam, *Elogio della pazzia*, Einaudi, Torino 1964, p. 83.
63 Erasmo da Rotterdam, *Elogio della pazzia*, Einaudi, Torino 1964, p. 84.
64 Infelise, *Manuzio...*, cit., p. 239.
65 Barolini, *Aldus and His Dream Book*, cit., p. 91.
66 Barolini, *Aldus and His Dream Book*, cit., p. 91.
67 Barolini, *Aldus and His Dream Book*, cit., p. 93.
68 Barolini, *Aldus and His Dream Book*, cit., p. 94.
69 Barolini, *Aldus and His Dream Book*, cit., p. 103.
70 Infelise, *Manuzio...*, cit., p. 241.
71 Barolini, *Aldus and His Dream Book*, cit., p. 146.
72 Frédéric Barbier, *Storia del libro. Dall'antichità al* XX *secolo*, Dedalo, Bari 2004, p. 182.
73 Lowry, *Il mondo...*, cit., p. 121.
74 Lowry, *Il mondo...*, cit., p. 125.
75 Lowry, *Il mondo...*, cit., p. 120.
76 Barolini, *Aldus and His Dream Book*, cit., p. 83.
77 Infelise, *Manuzio...*, cit., p. 241.
78 Infelise, *Manuzio...*, cit., p. 242.
79 Barolini, *Aldus and His Dream Book*, cit., p. 137.
80 Infelise, *Manuzio...*, cit., p. 243.
81 Barolini, *Aldus and His Dream Book*, cit., p. 141.
82 Barolini, *Aldus and His Dream Book*, cit., p.143.
83 Infelise, *Manuzio...*, cit., p. 243.

84 Martin Davies, *Aldus Manutius. Printer and Publisher of Renassaince Venice*, The British Library, London 1995, p. 46.

85 Martin Davies, *Aldus Manutius. Printer and Publisher of Renassaince Venice*, The British Library, London 1995, p. 47.

86 David Amram, *The Makers of Hebrew Books in Italy*, The Holland Press, London 1963, p. 177.

87 Davies, *Aldus Manutius*, cit., p. 62.

88 Barolini, *Aldus and His Dream Book*, cit., p. 148.

第三章

《塔木德》的诞生

89 Riccardo Calimani, *Storia del ghetto di Venezia*, Rusconi, Milano 1985, p. 16.

90 Maria Pia Pedani, *Venezia tra mori, turchi e persiani*, Vicenza, 2005, p. 28.

91 Maria Pia Pedani, *Venezia tra mori, turchi e persiani*, Vicenza, 2005, p. 28.

92 A mos Luzzatto, *Libri, ebrei e riti nei secoli, in Scilla Abbiati (a cura di), Armeni, ebrei, greci stampatori a Venezia*, Casa editrice armena,Venezia 1989, p. 49.

93 Umberto Fortis, *Editoria in ebraico a Venezia*, Arsenale, Venezia 1991, p. 6.

94 Calimani, *Storia...*, cit., p. 9.

95 Fortis, *Editoria...*, cit., p. 8.

96 Fortis, *Editoria...*, cit.,p.30

97 Fortis, *Editoria...*, cit.,p.30

98 Fortis, *Editoria...*, cit.,p.30

99 Horatio Brown, *The Venetian Printing Press 1469-1800*, John C. Nimmo, London 1891, p. 105

100 Riccardo Calimani, *Gli editori di libri ebraici a Venezia*, in Abbiati (a cura di), Armeni..., cit., p. 57.

101 Riccardo Calimani, *Gli editori di libri ebraici a Venezia*, in Abbiati (a

cura di), Armeni..., cit.,p.58
102 Riccardo Calimani, *Gli editori di libri ebraici a Venezia*, in Abbiati (a cura di), Armeni..., cit.,p.57
103 Giuliano Tamani, *Edizioni ebraiche veneziane nei secoli* XVI-XVII, in Simonetta Pelusi (a cura di), *Le civiltà del libro e la stampa a Venezia*, Il Poligrafo, Padova 2000, p. 30.
104 Calimani, *Gli editori...*, cit., p. 57.
105 Fortis, *Editoria...*, cit., p. 34.
106 Tamani, *Edizioni...*, cit., p. 30.
107 Tamani, *Edizioni...*, cit., p. 30.
108 Fortis, *Editoria...*, cit., p. 39.
109 Anna Campos, *La cultura ebraica nei libri a Venezia*, in Abbiati (a cura di), *Armeni...*, cit., p. 63.
110 Calimani, *Gli editori...*, cit., p. 57.
111 Michael Orbach, *My uncle, the Count of Valmadonna*, «The Jewish Star», 27 febbraio 2009.
112 Tamani, *Edizioni...*, cit., p. 33.
113 David Amram, *The Makers of Hebrew Books in Italy*, Holland Press, London 1963, p. 184.
114 Tamani, *Edizioni...*, cit., p. 33
115 Calimani, *Gli editori...*, cit., p. 58
116 Amram, *The Makers...*, cit., p. 194.
117 Amram, *The Makers...*, cit., p.196
118 Amram, *The Makers...*, cit.,p.193
119 Fortis, *Editoria...*, cit., p. 39.
120 Tamani, *Edizioni...*, cit., p. 32.
121 Calimani, *Gli editori...*, cit., p. 59.
122 Calimani, *Gli editori...*, cit., p. 59.
123 Calimani, *Gli editori...*, cit., p.60
124 Fortis, *Editoria...*, cit., p. 42
125 Calimani, *Gli editori...*, cit., p. 61.
126 Calimani, *Gli editori...*, cit., p. 62
127 Tobia Ravà, *L'immagine proibita. L'interdetto visivo nell'arte ebraica*,

tesi di laurea, Università degli studi di Bologna, a.a. 1985-1986, p. 177.

128 Giuliano Tamani, *Il* Novo dittionario hebraico e italiano *di Leon Modena*, in *Studi in onore di Marino Zorzi*, Bertoncello arti grafiche, Cittadella 2008, p. 444

129 Giovannina Reinish Sullam, *Il libro ebraico a Venezia*, in *Venezia città del libro*, Venezia, Isola di San Giorgio Maggiore, 2 settembre - 7ottobre 1973, p. 125.

第四章

遗失的《古兰经》

130 Angela Nuovo, *Il Corano arabo ritrovato*, «La Bibliofilia», LXXXIX (1987), disp.III, set tembre-dicembre, p. 237

131 Sergio Noja, *Il Corano che riappare*, «il Giornale», 3 marzo 1989, p. 3.

132 Nuovo, *Il Corano...*, cit., p. 253.

133 Nuovo, *Il Corano...*, cit., p. 253.

134 Nuovo, *Il Corano...*, cit., p.256

135 Nuovo, *Il Corano...*, cit.,p.258

136 Nuovo, *Il commercio...*, cit., p. 49.

137 Nuovo, *Il Corano...*, cit., p. 240.

138 Nuovo, *Il Corano...*, cit., p.244

139 Nuovo, *Il Corano...*, cit.,p.252

140 Giorgio Vercellin, *Venezia e le origini della stampa a caratteri arabi*, in Simonetta Pelusi (a cura di), *Le civiltà del libro e la stampa a Venezia*, Il Poligrafo, Padova 2000, p. 58.

141 Horatio Brown, *The Venetian Printing Press 1469-1800*, John C. Nimmo, London 1891, p. 107

142 Nuovo, *Il Corano...*, cit., p. 249

143 Nuovo, *Il Corano...*, cit.,P.250

144 Nuovo, *Il Corano...*, cit.,p.253

145 Vercellin, *Venezia...*, cit., p. 57.
146 Nuovo, *Il Corano...*, cit., p. 253.
147 Vercellin, *Venezia...*, cit., p. 57.
148 Nuovo, *Il Corano...*, cit., p. 261.
149 Nuovo, *Il Corano...*, cit., p. 261.
150 Vercellin, *Venezia...*, cit., p. 58.
151 Nuovo, *Il commercio...*, cit., p. 49.

第五章

亚美尼亚语与希腊语书籍

152 Baykar Sivazliyan, *Venezia per l'Oriente: la nascita del libro armeno*, in Scilla Abbiati (a cura di), *Armeni, ebrei, greci stampatori a Venezia*, Casa editrice armena, Venezia 1989, p. 23.
153 Baykar Sivazliyan, *La nascita dei primi libri a stampa armeni nel cuore della Serenissima*, in Boghos Levon Zekiyan (a cura di), *Gli armeni in Italia*, De Luca edizioni d'arte, Roma 1990, p. 94.
154 Baykar Sivazliyan, *La nascita dei primi libri a stampa armeni nel cuore della Serenissima*, in Boghos Levon Zekiyan (a cura di), *Gli armeni in Italia*, De Luca edizioni d'arte, Roma 1990, p. 94.
155 *Le livre arménien à travers les âges*, Catalogue de l'exposition tenue au Musée de la Marine, Marseille 2-21 octobre 1985, Maison arméenienne de la jeunesse et de la culture, Marseille 1985, p. 74.
156 Aleramo Hermet, Paola Cogni Ratti di Desio, *La Venezia degli armeni. Sedici secoli tra storia e leggenda*, Mursia, Milano 1993, p. 78.
157 A leramo Hermet, Paola Cogni Ratti di Desio, *La Venezia degli armeni. Sedici secoli tra storia e leggenda*, Mursia, Milano 1993,p.45
158 Sivazliyan, *Venezia...*, cit., p. 26.
159 Hermet, Cogni Ratti di Desio, *La Venezia degli armeni*, cit., p. 40.
160 Sivazliyan, *Venezia...*, cit., p. 25.

161 Hermet, Cogni Ratti di Desio, *La Venezia degli armeni*, cit., p. 85.

162 Hermet, Cogni Ratti di Desio, *La Venezia degli armeni*, cit., p. 87.

163 Sivazliyan, *Venezia...*, cit., p. 27.

164 Gabriella Uluhogian, *Lingua e cultura scritta*, in Adriano Alpago Novello (a cura di), *Gli armeni*, Jaca Book, Milano 1986, p. 124.

165 R.H. Kévorkian, *Le livre arménien imprimé, in Le livre...*, cit., p. 71.

166 Hermet, Cogni Ratti di Desio, *La Venezia degli armeni*, cit., p. 79.

167 Sivazliyan, *Venezia...*, cit., pp. 25, 29 e 39.

168 Sivazliyan, *La nascita...*, cit., p. 94.

169 Hermet, Cogni Ratti di Desio, *La Venezia degli armeni*, cit., p. 81.

170 Hermet, Cogni Ratti di Desio, *La Venezia degli armeni*, cit., p. 81.

171 Hermet, Cogni Ratti di Desio, *La Venezia degli armeni*, cit. p. 82.

172 Hermet, Cogni Ratti di Desio, *La Venezia degli armeni*, cit. p. 82.

173 Hermet, Cogni Ratti di Desio, *La Venezia degli armeni*, cit. p. 82.

174 Manosous Manoussakas, *Libri greci stampati a Venezia, in Venezia città del libro*, Venezia, Isola di San Giorgio Maggiore, 2 settembre - 7 ottobre 1973, p. 31.

175 Despina Vlassi Sponza, *I greci a Venezia: una presenza costante nell'editoria (secc.* XV-XX*)*, in Abbiati (a cura di), *Armeni...*, cit., p. 77.

176 Manosous Manoussakas, Costantino Staikos (a cura di), *L'attività editoriale dei greci durante il Rinascimento italiano 1469-1523*, Ministero greco della cultura, Atene 1986, p. 5.

177 Vlassi Sponza, *I greci...*, cit., p. 71.

178 Vlassi Sponza, *I greci...*, cit., p. 73.

179 Vlassi Sponza, *I greci...*, cit., p. 74.

180 Vlassi Sponza, *I greci...*, cit., p. 77.

181 Manoussakas, *Libri greci...*, cit., p. 93.

182 Manoussakas, Staikos (a cura di), *L'attività...*, cit., p. 127.

183 Zorzi, *La circolazione...*, cit., p. 133.

184 Manoussakas, Staikos (a cura di), *L'attività...*, cit., p. 127.

185 Vlassi Sponza, *I greci...*, cit., p. 78.

186 Manoussakas, Staikos (a cura di), *L'attività...*, cit., p. 130.

187 Manoussakas, *Libri greci...*, cit., p. 90.

188 Horatio Brown, *The Venetian Printing Press 1469-1800*, John C. Nimmo, London 1891, p. 46.

189 Manosous Manoussakas, Costantino Staikos (a cura di), *Le edizioni di testi greci da Aldo Manuzio e le prime tipografie greche di Venezia*, Fondazione per la cultura greca, Atene 1993, p. 82.

190 Manosous Manoussakas, Costantino Staikos (a cura di), *Le edizioni di testi greci da Aldo Manuzio e le prime tipografie greche di Venezia*, Fondazione per la cultura greca, Atene 1993, p. 82.

191 Reinhard Flogaus, *Aldus Manutius and the printing of Greek liturgical texts*, in Lisa Pon, Kraig Kallendorf (a cura di), *The Books of Venice. Il libro veneziano*, Biblioteca nazionale marciana/La musa Talìa/Oak Knoll Press, Venezia - New Castle 2008, p. 230.

192 Reinhard Flogaus, *Aldus Manutius and the printing of Greek liturgical texts*, in Lisa Pon, Kraig Kallendorf (a cura di), *The Books of Venice. Il libro veneziano*, Biblioteca nazionale marciana/La musa Talìa/Oak Knoll Press, Venezia - New Castle 2008, p. 229.

193 Vlassi Sponza, *I greci...*, cit., p. 80.

194 Vlassi Sponza, *I greci...*, cit., p. 80.

195 Simonetta Pelusi (a cura di), *Le civiltà del libro e la stampa a Venezia*, Il Poligrafo, Padova 2000, p. 24.

第六章

东方之风

196 Simonetta Pelusi, *Il libro liturgico veneziano per serbi e croati fra Quattro e Cinquecento*, in Ead. (a cura di), *Le civiltà del libro e la stampa a Venezia*, Il Poligrafo, Padova 2000, p. 43.

197 Pelusi, *Il libro...*, cit., p. 44

198 Darko Žubrini|, *Croatian Glagolitic Script, Zagreb* 1995.

199 Pelusi, *Il libro...*, cit., p. 45.

200 Pelusi, *Il libro*..., cit., p. 45.
201 Pelusi, *Il libro*..., cit., p. 45.
202 Pelusi, *Il libro*..., cit., p. 45.
203 Pelusi, *Il libro*..., cit., p. 45.
204 Pelusi, *Il libro*..., cit., p. 46
205 Pelusi, *Il libro*..., cit., p. 48.
206 Lazar Plavši|, *Srpske stamparije od kraja* XV *do sredine* XIX *veka*, Beograd 1959, p. 220; riportato e tradotto da Persida Lazarevi| Di Giacomo, *La letteratura serba «in esilio» a Venezia tra la fine del '700 e l'inizio dell'800*, «PaginaZero- Letterature di frontiera», 9(2006).

第七章

土地与战争

207 Andrea di Robilant, *Venetian Navigators. The Voyages of the Zen Brothers to the Far North, Faber and Faber*, London 2011, p. 182.
208 George Bruner Parks, *Ramusio's Literary History*, «Studies in Philology»,52(1955), 2, p. 127.
209 Massimo Donattini, *Giovanni Battista Ramusio e le sue «Navigationi». Appunti per una biografia*, «Critica storica», 1980-1981, p. 79.
210 Eugenia Bevilacqua, *Geografi e cosmografi, in Storia della cultura veneta*, vol.III, t. II, Neri Pozza, Vicenza 1980, p. 356.
211 Eugenia Bevilacqua, *Geografi e cosmografi, in Storia della cultura veneta*, vol.III, t. II, Neri Pozza, Vicenza 1980, p. 364.
212 Eugenia Bevilacqua, *Geografi e cosmografi, in Storia della cultura veneta*, vol.III, t. II, Neri Pozza, Vicenza 1980, p. 359.
213 Eugenia Bevilacqua, *Geografi e cosmografi, in Storia della cultura veneta*, vol.III, t. II, Neri Pozza, Vicenza 1980, p. 359.
214 Eugenia Bevilacqua, *Geografi e cosmografi, in Storia della cultura veneta*, vol.III, t. II, Neri Pozza, Vicenza 1980, p. 360.

215 Eugenia Bevilacqua, *Geografi e cosmografi, in Storia della cultura veneta*, vol.III, t. II, Neri Pozza, Vicenza 1980, p. 360.

216 Numa Broc, *La geografia del Rinascimento*, Edizioni Panini, Modena 1989, p. 17.

217 Giuliano Lucchetta, *Viaggiatori e racconti di viaggi nel Cinquecento, in Storia della cultura veneta*, vol. III, t. II, Neri Pozza, Vicenza 1980, p. 435.

218 Broc, *La geografia del Rinascimento*, cit., p. 17.

219 Broc, *La geografia del Rinascimento*, cit., p. 17.

220 Broc, *La geografia del Rinascimento*, cit.,p. 19.

221 Donattini, *Giovanni Battista Ramusio*, cit., p. 71.

222 Donattini, *Giovanni Battista Ramusio*, cit., p. 71.

223 Broc, *La geografia del Rinascimento*, cit., p. 21.

224 Myriam Billanovich, *Bordon (Bordone), Benedetto, in Dizionario biografico degli italiani*, vol. XII, IEI, Roma 1970, p. 511.

225 Donattini, *Giovanni Battista Ramusio*, cit., p. 69.

226 Donattini, *Giovanni Battista Ramusio*, cit., p. 76.

227 Marica Milanesi, Introduzione a Giovanni Battista Ramusio, *Navigazioni e Viaggi*, Einaudi, Torino 1978, p. XV.

228 Lucchetta, *Viaggiatori...*, cit., p. 483.

229 Bevilacqua, *Geografi e cosmografi*, cit., p. 372.

230 Milanesi, *Introduzione...*, cit., p. XVI.

231 Lucchetta, *Viaggiatori...*, cit., p. 489.

232 Donattini, *Giovanni Battista Ramusio*, cit., p. 79.

233 Milanesi, *Introduzione...*, cit., p. XVII.

234 Milanesi, *Introduzione...*, cit., p. XIX.

235 Donattini, *Giovanni Battista Ramusio*, cit., p. 85.

236 Lucchetta, *Viaggiatori...*, cit., p. 486.

237 Milanesi, *Introduzione...*, cit., p. XXV.

238 Donattini, *Giovanni Battista Ramusio,* cit., p. 58.

239 Donattini, *Giovanni Battista Ramusio*, cit.,p. 59.

240 Donattini, *Giovanni Battista Ramusio*, cit.,p. 61.

241 Broc, *La geografia del Rinascimento*, cit., p. 26.

242 Milanesi, *Introduzione...*, cit., p. XXV.

243 Milanesi, *Introduzione...*, cit., p. xxv.

244 Milanesi, *Introduzione...*, cit., p. xxxii.

245 Bevilacqua, *Geografi e cosmografi*, cit., p. 365.

246 Bevilacqua, *Geografi e cosmografi*, cit., p. 365.

247 Bevilacqua, *Geografi e cosmografi*, cit., p. 365.

248 Milanesi, *Introduzione...*, cit., p. xxi.

249 Bevilacqua, *Geografi e cosmografi*, cit., p. 372.

250 Donattini, *Giovanni Battista Ramusio*, cit., p. 100.

251 John R. Hale, *Industria del libro e cultura militare a Venezia nel Rinascimento*, in *Storia della cultura veneta*, cit., p. 266.

252 John R. Hale, *Industria del libro e cultura militare a Venezia nel Rinascimento*, in *Storia della cultura veneta*, cit., p. 267.

253 John R. Hale, *Industria del libro e cultura militare a Venezia nel Rinascimento*, in *Storia della cultura veneta*, cit., p. 267.

254 John R. Hale, *Industria del libro e cultura militare a Venezia nel Rinascimento*, in *Storia della cultura veneta*, cit., p. 267.

255 John R. Hale, *Industria del libro e cultura militare a Venezia nel Rinascimento*, in *Storia della cultura veneta*, cit., p. 268.

256 John R. Hale, *Industria del libro e cultura militare a Venezia nel Rinascimento*, in *Storia della cultura veneta*, cit., p. 245.

257 John R. Hale, *Industria del libro e cultura militare a Venezia nel Rinascimento*, in *Storia della cultura veneta*, cit., p. 245.

258 John R. Hale, *Industria del libro e cultura militare a Venezia nel Rinascimento*, in *Storia della cultura veneta*, cit., p. 246.

259 John R. Hale, *Industria del libro e cultura militare a Venezia nel Rinascimento*, in *Storia della cultura veneta*, cit., p. 246.

260 John R. Hale, *Industria del libro e cultura militare a Venezia nel Rinascimento*, in *Storia della cultura veneta*, cit., p. 261.

261 John R. Hale, *Industria del libro e cultura militare a Venezia nel Rinascimento*, in *Storia della cultura veneta*, cit., p. 275.

262 John R. Hale, *Industria del libro e cultura militare a Venezia nel Rinascimento*, in *Storia della cultura veneta*, cit., p. 275.

263 John R. Hale, *Industria del libro e cultura militare a Venezia nel*

Rinascimento, in *Storia della cultura veneta*, cit., p. 274.

264 John R. Hale, *Industria del libro e cultura militare a Venezia nel Rinascimento*, in *Storia della cultura veneta*, cit., p. 266.

265 John R. Hale, *Industria del libro e cultura militare a Venezia nel Rinascimento*, in *Storia della cultura veneta*, cit., p. 266.

266 John R. Hale, *Industria del libro e cultura militare a Venezia nel Rinascimento*, in *Storia della cultura veneta*, cit., p. 276.

267 John R. Hale, *Industria del libro e cultura militare a Venezia nel Rinascimento*, in *Storia della cultura veneta*, cit., p. 277.

268 John R. Hale, *Industria del libro e cultura militare a Venezia nel Rinascimento*, in *Storia della cultura veneta*, cit., p. 279.

269 John R. Hale, *Industria del libro e cultura militare a Venezia nel Rinascimento*, in *Storia della cultura veneta*, cit., p. 260.

270 John R. Hale, *Industria del libro e cultura militare a Venezia nel Rinascimento*, in *Storia della cultura veneta*, cit., p. 260.

第八章

音乐出版业

271 Agostino Vernarecci, *Ottaviano de' Petrucci da Fossombrone, inventore dei tipi mobili metallici fusi della musica nel secolo* XV, Romagnoli, Bologna 1882, p. 38

272 Jane A. Bernstein, *Print, Culture and Music in Sixteenth-Century Venice*, Oxford University Press, New York - Oxford 2001, p. 115.

273 Jane A. Bernstein, *Print, Culture and Music in Sixteenth-Century Venice*, Oxford University Press, New York - Oxford 2001, p. 140.

274 Mary S. Lewis, *Antonio Gardano Venetian Music Printer 1538-1569*, Garland Publishing, New York - London 1988, p. 4

275 Franco Mariani, *I cinquecento anni della stampa della musica a caratteri mobili*, Civitanova Marche 2001.

276 Bernstein, *Print*..., cit., p. 20.

277 Bernstein, *Print*..., cit., p. 20.

278 Stanley Boorman, *Ottaviano Petrucci. Catalogue Raisonné*, Oxford University Press, Oxford - New York 2006, p. 3.

279 Stanley Boorman, *Ottaviano Petrucci. Catalogue Raisonné*, Oxford University Press, Oxford - New York 2006, p. 7.

280 Vernarecci, *Ottaviano*..., cit., p. 29.

281 Boorman, *Ottaviano Petrucci*..., cit., p. 27.

282 Boorman, *Ottaviano Petrucci*..., cit., p. 33.

283 Mariani, *I cinquecento anni*..., cit.

284 Lewis, *Antonio Gardano*..., cit., p. 5.

285 Mariani, *I cinquecento anni*..., cit.

286 Bernstein, *Print*..., cit., p. 20.

287 Bernstein, *Print*..., cit., p. 21.

288 Lewis, *Antonio Gardano*..., cit., p. 5.

289 Renato Fulin, *Documenti per servire alla storia della tipografia veneziana*, «Archivio Veneto», 23(1882), p. 86.

290 Mariani, *I cinquecento anni*..., cit.

291 Mariani, *I cinquecento anni*..., cit.

292 Bernstein, *Print*..., cit., p. 21.

293 Lewis, *Antonio Gardano*..., cit., p. 6.

294 Bernstein, *Print*..., cit., p. 22.

295 Lewis, *Antonio Gardano*..., cit., p. 6.

296 Lewis, *Antonio Gardano*..., cit.,p. 7.

297 Lewis, *Antonio Gardano*..., cit., p. 13.

298 Bernstein, *Print*..., cit., p. 22.

299 Bernstein, *Print*..., cit.,p. 116.

300 Jane A. Bernstein, *Music Printing in Renaissance Venice*, Oxford University Press, New York - Oxford 1998, p. 4.

301 Bernstein, *Print*..., cit., p. 128.

302 Bernstein, *Print*..., cit., p. 12.

303 Claudio Sartori, *Una dinastia di editori musicali. Documenti inediti sui Gardano e i loro congiunti Stefano Bindoni e Alessandro Raverii*,

Olschki, Firenze 1956 (Estratto da «La Bibliofilía»), p. 178.

304 Pietro Aretino, *Lettere, in Opere di Folengo, Aretino, Doni*, tomo II, Ricciardi, Milano-Napoli 1976, p. 546.

305 Bernstein, *Print*..., cit., p. 80.

306 Bernstein, *Print*..., cit., p. 75.

307 Bernstein, *Print*..., cit., p. 100.

308 Brian Richardson, *Printing, Writers and Readers in Renaissance Italy*, Cambridge University Press, Cambridge (UK) 1999, p. 65.

309 Sartori, *Una dinastia*..., cit., p. 177.

310 Lewis, *Antonio Gardano*..., cit., p. 33.

311 Lewis, *Antonio Gardano*..., cit., p. 32.

312 Bernstein, *Print*..., cit., p. 85.

313 Bernstein, *Print*..., cit., p. 87.

314 Bernstein, *Print*..., cit., p. 88.

315 Bernstein, *Print*..., cit., p. 90.

第九章

身体护理：医药、美容与烹饪

316 Enrico Pispisa, *Bruno da Longobucco, in Dizionario biografico degli italiani*, vol. XIV, IEI, Roma 1972, p. 644.

317 Graziella Federici Vescovini, *Guglielmo da Saliceto, in Dizionario biografico degli italiani*, vol. LXI, IEI, Roma 2003, p. 33.

318 Mario Crespi, *Argellata, Pietro, in Dizionario biografico degli italiani*, vol. IV, IEI, Roma 1962, p. 114.

319 Giuliano Lucchetta, *Viaggiatori e racconti di viaggi nel Cinquecento*, in *Storia della cultura veneta*, vol. III, t. II, Neri Pozza, Vicenza 1980, p. 433.

320 Mario Crespi, *Benedetti Alessandro*, in *Dizionario biografico degli italiani*, vol.VIII, IEI, Roma 1966, p. 245.

321 Giuseppe Ongaro, *Mercuriale, Girolamo*, in *Dizionario biografico degli*

italiani, vol. LXXIII, IEI, Roma 2009, p. 620.

322 Brian Richardson, *Printing, Writers and Readers in Renaissance Italy*, Cambridge University Press, Cambridge (UK) 1999, p. 66.

323 Cesare Preti, *Mattioli (Matthioli), Pietro Andrea, in Dizionario biografico degli italiani*, vol. LXXII, IEI, Roma 2009, p. 308.

324 Giuliana Grando, Bepi Monico, *Profumi e cosmesi nella Venezia del' 500*, Centro internazionale della grafica, Venezia 1985, p.10.

325 Marco Palma, *Celebrino, Eustachio*, in *Dizionario biografico degli italiani*, vol. XXIII, IEI, Roma 1979, p. 361.

326 Marco Palma, *Celebrino, Eustachio*, in *Dizionario biografico degli italiani*, vol. XXIII, IEI, Roma 1979, p. 361.

327 Grando, Monico, *Profumi e cosmesi*..., cit., p. 10.

328 Françoise Sabban, Silvano Serventi, *A tavola nel Rinascimento*, Laterza, Roma-Bari 1996, p. 15.

329 Orazio Bagnasco, Prefazione, in *Catalogo del fondo italiano e latino delle opere di gastronomia*, B.IN.G., Lugano 1994, p. 6.

330 O razio Bagnasco, Prefazione, in *Catalogo del fondo italiano e latino delle opere di gastronomia*, B.IN.G., Lugano 1994, p. 6.

331 O razio Bagnasco, Prefazione, in *Catalogo del fondo italiano e latino delle opere di gastronomia*, B.IN.G., Lugano 1994,, p. 7.

332 Richard Westbury, *Handlist of Italian Cookery Books*, Olschki, Firenze 1963, p. xii.

333 Anna Alberati, Mirella Canzian, Tiziana Plebani, Marcello Brusegan, *Arte della cucina e alimentazione nelle opere a stampa della Biblioteca Nazionale Marciana dal* XV *al* XIX *secolo*, Istituto poligrafico e zecca dello stato, Roma 1987, p. XI.

334 Anna Alberati, Mirella Canzian, Tiziana Plebani, Marcello Brusegan, *Arte della cucina e alimentazione nelle opere a stampa della Biblioteca Nazionale Marciana dal* XV *al* XIX *secolo*, Istituto poligrafico e zecca dello stato, Roma 1987, p. XI.

335 Anna Alberati, Mirella Canzian, Tiziana Plebani, Marcello Brusegan, *Arte della cucina e alimentazione nelle opere a stampa della Biblioteca Nazionale Marciana dal* XV *al* XIX *secolo*, Istituto poligrafico e zecca

dello stato, Roma 1987, p. XII.

336 Sabban, Serventi, *A tavola...*, cit., p. 20.

337 Alberati, Canzian, Plebani, Brusegan, *Arte della cucina...*, cit., p. XII.

338 Sabban, Serventi, *A tavola...*, cit., p. 47.

第十章

皮埃特罗·阿雷蒂诺与名作家的诞生

339 Fabio Massimo Bertolo, *Aretino e la stampa. Strategie di autopromozione a Venezia nel Cinquecento*, Salerno, Roma 2003, p. 12.

340 Giovanni Aquilecchia, *Pietro Aretino e altri poligrafi a Venezia, in Storia della cultura veneta*, vol. III, T. II, Neri Pozza, Vicenza 1980, p. 62.

341 Giuliano Innamorati, *Aretino, Pietro, in Dizionario biografico degli italiani*, vol. IV, IEI, Roma 1962, p. 92.

342 Giuliano Innamorati, *Aretino, Pietro, in Dizionario biografico degli italiani*, vol. IV, IEI, Roma 1962, p. 96.

343 Aquilecchia, *Pietro Aretino...*, cit., p. 71.

344 Guido Davico Bonino, *Lo scrittore, il potere, la maschera*, Liviana, Padova 1979, p.64.

345 Guido Davico Bonino, *Lo scrittore, il potere, la maschera*, Liviana, Padova 1979, p.66.

346 Bertolo, *Aretino e la stampa...*, cit., p. 16.

347 Pietro Aretino, *Sonetti sopra i «*XVI *modi»*, a cura di Giovanni Aquilecchia, Salerno, Roma 2006.

348 Davico Bonino, *Lo scrittore...*, cit., p. 68.

349 Gianfranco Folena, Introduzione a Pietro Aretino, *Sei giornate*, Laterza, Bari 1969.

350 Davico Bonino, *Lo scrittore...*, cit., p. 71.

351 Innamorati, *Aretino, Pietro*, cit., p. 98.

352 Aquilecchia, *Pietro Aretino...*, cit., p. 74.

353 Innamorati, *Aretino, Pietro*, cit., p. 98.
354 Davico Bonino, *Lo scrittore...*, cit., p. 84.
355 Davico Bonino, *Lo scrittore...*, cit., p. 80.
356 Bertolo, *Aretino e la stampa...*, cit., p. 18.
357 Davico Bonino, *Lo scrittore...*, cit., p. 81.
358 Bertolo, *Aretino e la stampa...*, cit., p. 13.
359 Bertolo, *Aretino e la stampa...*, cit., p. 14
360 Bertolo, *Aretino e la stampa...*, cit., p. 23.
361 Bertolo, *Aretino e la stampa...*, cit., p. 22.
362 Bertolo, *Aretino e la stampa...*, cit., p. 25.
363 Bertolo, *Aretino e la stampa...*, cit., p. 28
364 Bertolo, *Aretino e la stampa...*, cit., p. 29.

第十一章

衰败、回光与终结

365 Mario Infelise, *Prima dei giornali. Alle origini della pubblica informazione*, Laterza, Roma-Bari 2002, p. 80.
366 Paul E. Grendler, *L'inquisizione romana e l'editoria a Venezia 1540-1605*, Il Veltro, Roma 1983, p. 131.
367 Marino Zorzi, Introduzione a Simonetta Pelusi (a cura di) *Le civiltà del libro e la stampa a Venezia. Testi sacri ebraici, cristiani, islamici, dal Quattrocento al Settecento*, Il Poligrafo, Padova 2000, p. 22.
368 Marino Zorzi, Introduzione a Simonetta Pelusi (a cura di) *Le civiltà del libro e la stampa a Venezia. Testi sacri ebraici, cristiani, islamici, dal Quattrocento al Settecento*, Il Poligrafo, Padova 2000, p. 22.
369 Grendler, *L'inquisizione romana...*, cit., p. 138.
370 Grendler, *L'inquisizione romana...*, cit., p. 163
371 Brian Richardson, *Printing, Writers and Readers in Renaissance Italy*, Cambridge University Press, Cambridge (UK) 1999, p. 46.

372 Zorzi, *Introduzione...*, cit., p. 22.

373 Grendler, *L'inquisizione romana...*, cit., p. 320.

374 Grendler, *L'inquisizione romana...*, cit., p. 193.

375 Grendler, *L'inquisizione romana...*, cit., p. 200.

376 Grendler, *L'inquisizione romana...*, cit., p. 323.

377 Grendler, *L'inquisizione romana...*, cit., p. 328

378 Infelise, *Prima dei giornali...*, cit., p. 79.

379 Infelise, *Prima dei giornali...*, cit., p. 86.

380 Infelise, *Prima dei giornali...*, cit., p. 126.

381 Infelise, *Prima dei giornali...*, cit.,p. 128.

382 Infelise, *Prima dei giornali...*, cit., p. 131.

383 Infelise, *Prima dei giornali...*, cit., p. 131.

384 Infelise, *Prima dei giornali...*, cit., p. 132.

385 Infelise, *Prima dei giornali...*, cit., p. 133.

386 Eugenia Bevilacqua, *Geografi e cosmografi, in Storia della cultura veneta*, VOL.III, T. II, Neri Pozza, Vicenza 1980, p. 373.

387 Mario Infelise, *I Remondini di Bassano. Stampa e industria nel Veneto del Settecento*, Tassotti, Bassano 1980, p. 77.

388 Mario Infelise, *I Remondini di Bassano. Stampa e industria nel Veneto del Settecento*, Tassotti, Bassano 1980, p. 102.

389 Mario Infelise, *I Remondini di Bassano. Stampa e industria nel Veneto del Settecento*, Tassotti, Bassano 1980, p. 72.

390 Mario Infelise, *I Remondini di Bassano. Stampa e industria nel Veneto del Settecento*, Tassotti, Bassano 1980, p. 107.

391 Mario Infelise, *I Remondini di Bassano. Stampa e industria nel Veneto del Settecento*, Tassotti, Bassano 1980, p. 110.

392 Mario Infelise, *I Remondini di Bassano. Stampa e industria nel Veneto del Settecento*, Tassotti, Bassano 1980, p.111.

393 Mario Infelise, *I Remondini di Bassano. Stampa e industria nel Veneto del Settecento*, Tassotti, Bassano 1980, p.112.

394 Mario Infelise, *I Remondini di Bassano. Stampa e industria nel Veneto del Settecento*, Tassotti, Bassano 1980, p.113.

395 Matthias Kappler, *La stampa «caramanlidica»*, in Pelusi (a cura di), *Le*

civiltà del libro..., cit., p. 65.

396 Matthias Kappler, *La stampa «caramanlidica»*, in Pelusi (a cura di), *Le civiltà del libro...*, cit., p. 67.

397 Gabriella Uluhogian, *Lingua e cultura scritta*, in Alpago Novello, *Gli armen...i* , op. cit., p. 124.

398 Vahan Ohanian, *La Bibbia armena dell'abate Mechitar,* (a cura di), *Le civiltà del libro...*, cit., p. 95.

399 Mariachiara Mazzariol (a cura di), *Ferdinando Ongania editore a San Marco*, Marsilio, Venezia 2008, p. 10.

400 Cesare De Michelis, *Ferdinando Ongania editore a Venezia, in Ferdinando Ongania. La basilica di San Marco 1881-1893*, Marsilio, Venezia 2011, p. 25.

401 Mazzariol, *Ferdinando Ongania...*, cit., p. 12.

402 De Michelis, *Ferdinando Ongania...*, cit., p. 26.

403 De Michelis, *Ferdinando Ongania...*, cit., p. 27.

参考文献

Abbiati, Scilla (a cura di), *Armeni, ebrei, greci stampatori a Venezia*, Casa editrice armena, Venezia 1989.

Alberati, Anna; Canzian, Mirella; Plebani, Tiziana; Brusegan, Marcello, *Arte della cucina e alimentazione nelle opere a stampa della Biblioteca Nazionale Marciana dal* XV *al* XIX *secolo*, Istituto poligrafico e zecca dello stato, Roma 1987.

Alpago Novello, Adriano (a cura di), *Gli armeni*, Jaca Book, Milano 1986.

Amram, David, *The Makers of Hebrew Books in Italy*, Greenstone, Philadelphia 1909.

Aquilecchia, Giovanni, *Pietro Aretino e altri poligrafi a Venezia*, in *Storia della cultura veneta*, vol. III, t. II, Neri Pozza, Vicenza 1980, pp. 61-98.

Aretino, Pietro, *Sei giornate*, a cura di Giovanni Aquilecchia, Laterza,Bari 1969.

—, *Sonetti sopra i «*XVI *modi»*, a cura di Giovanni Aquilecchia, Salerno, Roma 2006.

Bagnasco, Orazio (a cura di), *Catalogo del fondo italiano e latino delle opere di gastronomia*, B.IN.G., Lugano 1994.

Barbier, Frédéric, *Storia del libro. Dall'antichità al* XX *secolo*, Dedalo, Bari 2004 [tit. or., *Histoire du livre*, Armand Colin, Paris 2000].

Barolini, Helen, *Aldus and His Dream Book*, Italica Press, New York 1992.

Bernstein, Jane A., *Music Printing in Renaissance Venice. The Scotto Press (1539-1572)*, Oxford University Press, New York - Oxford 1998.

—, *Print Culture and Music in Sixteenth-Century Venice*, Oxford University

Press, New York - Oxford 2001.

Bertolo, Fabio Massimo, *Aretino e la stampa. Strategie di autopromozione a Venezia nel Cinquecento*, Salerno, Roma 2003.

Bevilacqua, Eugenia, *Geografi e cosmografi, in Storia della cultura veneta*, vol. III, t.II, Neri Pozza, Vicenza 1980, pp. 355-374.

Boorman, Stanley, *Ottaviano Petrucci. Catalogue Raisonné*, Oxford University Press, Oxford - New York 2006.

Broc, Numa, *La geografia del Rinascimento*, Edizioni Panini, Modena 1989 [tit. or., *La géographie de la Renaissance 1420-1620*, Bibliothèque Nationale, Paris 1980].

Brown, Horatio, *The Venetian Printing Press 1469-1800. An Historical Study Based Upon Documents For The Most Part Hiterto Unpublished*, John C. Nimmo, London 1891.

Calimani, Riccardo, *Storia del ghetto di Venezia*, Rusconi, Milano 1985.

Chiesa, Aulo; Pelusi, Simonetta (a cura di), *L'editoria libraria in Veneto*, Biblion, Milano 2010.

Ciriacono, Salvatore, *Scrittori d'idraulica e politica delle acque*, in *Storia della cultura veneta*, vol. III, t. II, Neri Pozza, Vicenza 1980, pp. 491-512.

Davico Bonino, Guido, *Lo scrittore, il potere, la maschera*, Liviana, Padova 1979.

Davies, Martin, *Aldus Manutius. Printer and Publisher of Renaissance Venice*, The British Library, London 1995.

De Roover, Edler, *Per la storia dell'arte della stampa in Italia*, «La Bibliofilìa», 55(1953), pp. 107-115.

De Vivo, Filippo, *Information and Communication in Venice. Rethinking Early Modern Politics*, Oxford University Press, Oxford - New York 2007.

Donattini, Massimo, *Giovanni Battista Ramusio e le sue «Navigationi». Appunti per una biografia*, «Critica storica», n.s., 17(1980), 1, pp. 55- 100.

Eisenstein, Elizabeth L., *Le rivoluzioni del libro. L'invenzione della stampa e la nascita dell'età moderna*, il Mulino, Bologna 1997 [tit. or. *The Printing Revolution in Early Modern Europe*, Cambridge University Press, Cambridge 1983].

Febvre, Lucien; Martin, Henri-Jean, *La nascita del libro*, a cura di A. Petrucci,

Laterza, Roma-Bari 1985 [tit. or. *L'apparition du livre*, Albin Michel, Paris 1958].

Ferdinando Ongania. *La basilica di San Marco 1881-1893*, a cura di Maria Da Villa Urbani e Irene Favaretto, catalogo della mostra, Museo di San Marco, Venezia 18 luglio - 27 novembre 2011, Marsilio, Venezia 2011.

Fortis, Umberto, *Editoria in ebraico a Venezia*, Arsenale, Venezia 1991.

Fulin, Renato, *Documenti per servire alla storia della tipografia veneziana*, «Archivio Veneto», 23(1882), pp. 82-212 e 390-405.

Grando, Giuliana; Monico, Bepi, *Profumi e cosmesi nella Venezia del '500*, Centro internazionale della grafica, Venezia 1985.

Grendler, Paul F., *L'inquisizione romana e l'editoria a Venezia 1540-1605*, Il Veltro, Roma 1983 [tit. or., *The Roman Inquisition and the Venetian Press 1540-1605*, Princeton University Press, Princeton 1977].

Hale, John R., *Industria del libro e cultura militare a Venezia nel Rinascimento*, in *Storia della cultura veneta*, vol. III, t. II, Neri Pozza, Vicenza 1980, pp. 245-288.

Hermet, Aleramo; Cogni Ratti di Desio, Paola, *La Venezia degli armeni*. Sedici secoli tra storia e leggenda, Mursia, Milano 1993.

Kevorkian, R.H.; Mahe, J.-P. (a cura di), *Le livre arménien à travers les âges*, catalogue de l'exposition, Musée de la Marine, Marseille 2-21 octobre 1985, Maison arménienne de la jeunesse et de la culture, Marseille 1985.

Infelise, Mario, *I libri proibiti da Gutenberg all'Encyclopédie*, Laterza, RomaBari 1999.

—, *I Remondini di Bassano. Stampa e industria nel Veneto del Settecento*, Tassotti, Bassano 1980.

—, *Prima dei giornali. Alle origini della pubblica informazione*, Laterza, Roma-Bari 2002.

Layton, Euro, *The Sixteenth Century Greek Book in Italy. Printers and Publishers for the Greek World*, Library of the Hellenic Institutes of Byzantine and post-Byzantine studies, Venice 1994.

Lewis, Mary S., *Antonio Gardano Venetian Music Printer 1538-1569*, Garland Publishing, New York - London 1988.

Lowry, Martin, *Il mondo di Aldo Manuzio. Affari e cultura nella Venezia del*

Rinascimento, Il Veltro, Roma 1984 [tit. or., *The World of Aldus Manutius. Business and Scholarship in Renaissance Venice*, Cornell University Press, Ithaca 1979].

—, *Nicolas Jenson e le origini dell'editoria veneziana nell'Europa del Rinascimento*, Il Veltro, Roma 2002 [tit. or., *Nicholas Jenson and the Rise of Venetian Publishing in Renaissance Venice*, Basil Blackwell, Oxford 1991].

Lucchetta, Giuliano, *Viaggiatori e racconti di viaggi nel Cinquecento*, in *Storia della cultura veneta*, vol. III, t. II, Neri Pozza, Vicenza 1980, pp. 433-489.

Luzzatto, Sergio; Pedullà, Gabriele, *Atlante della letteratura italiana*, vol. I, *Dalle origini al Rinascimento*, Einaudi, Torino 2010.

Manoussakas, Manosous, *Gli umanisti greci collaboratori di Aldo a Venezia (1494-1515) e l'ellenista bolognese Paolo Bombace*, Università degli studi di Bologna, Bologna 1991.

—; Staikos, Costantino (a cura di), *L'attività editoriale dei greci durante il Rinascimento italiano 1469-1523*, Ministero greco della cultura, Atene 1986.

—; Staikos, Costantino (a cura di), *Le edizioni di testi greci da Aldo Manuzio e le prime tipografie greche di Venezia*, Fondazione per la cultura greca, Atene 1993.

Mazzariol, Mariachiara (a cura di), *Ferdinando Ongania editore a San Marco*, Marsilio, Venezia 2008.

Nuovo, Angela, *Il commercio librario nell'Italia del Rinascimento*, Franco Angeli, Milano 1998.

—, *Il Corano arabo ritrovato*, «La Bibliofilìa», 89(1987), 3, pp. 237-271.

Parks, George Bruner, *Ramusio's Literary History*, «Studies in Philology», 52(1955), 2, pp. 127-148.

Pelusi, Simonetta (a cura di), *Le civiltà del libro e la stampa a Venezia. Testi sacri ebraici, cristiani, islamici, dal Quattrocento al Settecento*, Il Poligrafo, Padova 2000.

—; Scarsella, Alessandro (a cura di), *Humanistica marciana. Saggi offerti a Marino Zorzi*, Biblion, Milano 2008.

Persico, Alberto, *L'Occhio del Tempo. Otto secoli di storia del calendario*, Persico edizioni, Cremona 2003.

Pon, Lisa; Kallendorf, Kraig (a cura di), *The Book of Venice. Il libro veneziano*, Biblioteca nazionale marciana / La musa Talìa / Oak Knoll Press, Venezia - New Castle (de) 2008.

Ponte di Pino, Oliviero, *I mestieri del libro*, tea, Milano 2008.

Richardson, Brian, *Printing, Writers and Readers in Renaissance Italy*, Cambridge University Press, Cambridge (UK) 1999.

Ragone, Giovanni, *Classici dietro le quinte. Storie di libri ed editori. Da Dante a Pasolini*, Laterza, Roma-Bari 2009.

Ravà, Tobia, *L'immagine proibita. L'interdetto visivo nell'arte ebraica*, tesi di laurea, Università degli studi di Bologna, a.a. 1985-1986.

Ridolfi, Roberto, *Del carattere italico aldino nel secolo* XV, «La Bibliofilìa», 55(1953), pp. 118-122.

Robilant, Andrea di, *Venetian Navigators. The Voyages of the Zen Brothers in the Far North*, Faber and Faber, London 2011.

Sabban, Françoise; Serventi, Silvano, *A tavola nel Rinascimento*, Laterza, Roma-Bari 1996.

Sartori, Claudio, *Nuove conclusive aggiunte alla «bibliografia del Petrucci»*, «Collectanea Historiae musicae», 1(1953), pp. 175-210.

—, *Una dinastia di editori musicali. Documenti inediti sui Gardano e i loro congiunti Stefano Bindoni e Alessandro Raverii*, Olschki, Firenze 1956 (estratto da «La Bibliofilìa»).

Scapecchi, Piero, *Breve nota sull'anno di nascita, il cognome e la giovinezza di Aldo Manuzio (c. 1455-1475)*, «Miscellanea Clementina Rotondi», 1997, pp. 61-65.

Schmid, Anton, *Ottaviano dei Petrucci da Fossombrone, der erste Erfinder des Musiknotendruckes mit beweglichen Metalltypen*, Rohrmann, Wien 1845.

Serrai, Alfredo, *Storia della bibliografia*, 6 voll., Bulzoni, Roma 1988-1995.

Venezia città del libro. Cinque secoli di editoria veneta e mostra dell'editoria italiana, Venezia, isola di San Giorgio Maggiore, 2 settembre - 7 ottobre 1973.

Vercellin, Giorgio, *Venezia e l'origine della stampa in caratteri arabi*, Il Poligrafo, Padova 2001.

Vernarecci, Augusto, *Ottaviano de' Petrucci da Fossombrone, inventore dei tipi mobili metallici fusi della musica nel secolo* XV, Romagnoli, Bologna 1882.

Westbury, Richard, *Handlist of Italian Cookery Books*, Olschki, Firenze 1953.

Wilson, Bronwen, *The World in Venice. Print, the City, and Early Modern Identity, University of Toronto Press*, Toronto-Buffalo-London 2005.

Zekiyan, Boghos Levon (a cura di), *Gli armeni in Italia*, De Luca edizio- ni d'arte, Roma 1990.

Zorzi, Marino, *La circolazione del libro a Venezia nel Cinquecento: biblioteche private e pubbliche*, «Ateneo Veneto», n.s., 28(1990), pp. 117-189.

—, *La Libreria di San Marco. Libri, lettori, società nella Venezia dei Dogi,* Mondadori, Milano 1987.

— (a cura di), *La vita dei libri. Edizioni illustrate a stampa del Quattro e Cinquecento dalla Fondazione Giorgio Cini*, Edizioni della laguna, Mariano del Friuli 2003.

Žubrini|, Darko, *Croatian Glagolitic Script*, Zagreb 1995.